【中华文化研究小丛书】

大丈夫孟子

高专诚 著

漓江出版社
桂林

图书在版编目（CIP）数据

大丈夫孟子 / 高专诚著. 一桂林：漓江出版社，2017.6（2019.2重印）
（中华文化研究小丛书）
ISBN 978-7-5407-8071-5
Ⅰ. ①大… Ⅱ. ①高… Ⅲ. ①孟轲(约前372-前289)－人物研究 Ⅳ. ①B222.5
中国版本图书馆CIP数据核字(2017)第090200号

DAZHANGFU MENGZI
大丈夫孟子
高专诚　著

出 版 人：刘迪才
责任编辑：张谦　谢青芸
封面设计：星星
责任监印：张璐

漓江出版社有限公司出版发行
广西桂林市南环路22号　邮政编码：541002
网址：http://www.lijiangbook.com
全国新华书店经销
销售热线：0773-2583322　010-85893190
三河市腾飞印务有限公司印刷
[三河市黄土庄镇小石庄村]
开本：660mm×950mm　1/16
印张：11　字数：128千字
2017年6月第1版　2019年2月第2次印刷
定价：35.80元

如发现印装质量问题，影响阅读，请与承印单位联系调换

出版说明

文化是人类的本质,唯有文化的兴旺发达,才有国家民族的振兴强大。中华民族五千年文明史,辉煌璀璨,一脉相传,从未间断,独步于世界民族之林。为弘扬传统,传播新知,砥砺精神,建设文化强国,我们谨从“秉文化情怀,做文化事业”的社训,特地编辑出版这套中华文化研究小丛书,以弘扬民族文化精华,发布专门研究成果,期为读者、研究者阅读参考。作者均为国内外文、史、哲领域建树颇丰的专家、学者,他们从各自擅长的专题,提供简明扼要的讲析,文字不在其多,书不在其厚,重在见解之通达准确,独有会心,能予读者真知与启迪,领悟精要,涵泳其间。本丛书是一开放性的项目,我们真诚欢迎在这一主题下有更多的佳作加入其中。

漓江出版社本丛书编辑部

目　　录

自　序

中国古代之真学者皆不走时运，不得志。

儒家以入世为己任，然祖师爷孔子开局不利，二祖孟子愈加恓惶。

面对如此窘境，孔子“知其不可为而为之”，孟子则以大丈夫精神应对之。

此二者，同出而异名，殊途而同归，左右知识阶层两千余年。

余年少轻狂，读《孟子》时，对“大丈夫”多有不屑，颇为认可世俗层面之一分耕耘一分收获。所幸五十天命，渐识人生几何，方知大丈夫不可不做，孟圣人不可不赞。

学妹张谦，名校中文科班出身，远离大城市之喧嚣，不狂不狷，于漓江之畔潜心编校。其所主持之“中华文化研究小丛书”，既纳余之《凡人孔子》，又约《大丈夫孟子》，令余何其幸也！

不意俗务繁杂，无暇启笔。盘桓期年，一字未得。岁末年初，仕途跌宕，乃悟大丈夫精神之可贵。遂倚马兴笔，草成此册。

仓促之际，陋见自多，盼方家指正。

是为序。

高专诚

二〇一六年五月十六日

绪 说 孟子：顶天立地大丈夫

一、成长经历影响命运

无论是圣哲之人，还是平庸之辈，其命运的升降无不与其成长经历息息相关。

在了解孟子的成长经历之前，由不得让人重温孟子的著名论断。孟子断言：

> 舜发于畎亩之中，傅说举于版筑之间，胶鬲举于鱼盐之中，管夷吾举于士，孙叔敖举于海，百里奚举于市。
>
> 故天将降大任于是人也，必先苦其心志，劳其筋骨，饿其体肤，空乏其身，行拂乱其所为，所以动心忍性，曾益其所不能。
>
> 人恒过，然后能改；困于心，衡于虑，而后作；征于色，发于声，而后喻。入则无法家拂士，出则无敌国外患者，国恒

亡。然后知生于忧患,而死于安乐也[①]。

孟子一生有伟才,有大志,却未能被当政者知用。对此,孟子周围的人之中,大有困惑不解者,也不乏冷嘲热讽者。

孟子本人的独特解释是,自古以来,大贤之人多有在困境中被举用的。言下之意,他自己的未被知用,也是暂时的。

古来的例证有:

大舜是在田野的劳作之中被尧帝看中的,《孟子》对此从各个角度进行了记述。

傅说是商朝后期的贤人,传说武丁帝根据梦境的启示,在劳役的人群中发现了他,举用为相,商朝得以大治。(“版筑”是指古人筑墙的方法,以两木板相夹,中间填土夯实。)

胶鬲是商纣王之臣,生逢乱世,混迹于鱼盐贩子之中,周文王举用之,成为周国的重臣。

管夷吾即春秋时代的齐国人管仲,做过士师,即狱官。管仲因为得罪齐桓公,曾被囚禁,但齐桓公不计前嫌而任用之,最终辅佐齐桓公称霸天下。

孙叔敖是楚国贤士,隐居海滨,楚庄王举用之,长期担任令尹(相),使楚庄王称霸诸侯,声震天下。

百里奚也是春秋时期著名的贤臣,在被秦穆公知用之前,曾经沦落在牲畜市场里打工。

根据上述史实,孟子坦言:“这就说明,如果上天要将重大的使命安排给什么人,一定要首先锻炼他的意志,劳烦他的筋骨,饿馁他的肉体,空乏他的身心,让他事事都不能如意。这就

---

① 《孟子·告子下》。

叫作动心忍性，劳动他的心志，造就他的忍耐力，增加他还缺乏的才能。”

“一个人经常犯点儿错误才能改进自己，心志受困、思虑受阻，才能有所造作、有所创新。显现在面色上，表达在声音里，才能让人明白。正好比是一个国家，如果国内没有制定法度的大臣和敢于违逆直谏的有识之士，国外也没有与之抗衡、不断制造祸患的国家，终究是要灭亡的。这就告诉人们，忧患导致生存，安乐导致死亡。”

此所谓天降大任、动心忍性的辩证观念，是孟子思想中最鼓舞人心的言论之一，也是千百年来无数志士仁人政治生活的座右铭。

确实，个人的成长与国家的发展有着一样的道理。心高志远的人只要不懈地奋发努力，就不必担心不会有收获，尽管这份收获有早有晚，或者以不同的方式获得。

这也是一种情怀，一种大丈夫的豪情。

要想明了这份大丈夫豪情的来龙去脉，自然要从孟子本人的成长经历说起。

在儒家思想史上，孟子被后儒尊为“亚圣”，意思是仅次于圣人孔子的大思想家。

孟子在中国古代思想史地位崇高，但其生平记载却相对单薄。

司马迁《史记》有《孟子荀卿列传》，这是历史上首次为孟子所写的传记，但在通行本的《史记·孟子荀卿列传》中，正面讲述孟子生平的部分，加上标点符号也不过180个字。

这样一来，要想了解孟子生平，不得不补充一些历史上的传说故事，以及《孟子》书中间接透露出的信息。

孟子，姓孟名轲，字子舆，早期儒家思想的重要代表人物。

孟子生活在战国中期，在世时间已不可确知，一般认为大约是在公元前390—前306年之间，达到八十四岁的高寿，这在那个时代是相当罕见的。民间有所谓“七十三、八十四”的说法，七十三是孔子的寿数，八十四则是孟子的寿数，由此可见这两位圣人的影响力所在。

孟子的家乡邹国，春秋时期称邾国，后人称“小邾国”，至孟子时改称邹。

邹国是小国，与鲁国相邻，后来被鲁国吞并。邹国的旧址，就是现在的山东省邹城。

鲁国曾有著名的“三桓”，即春秋初年鲁桓公的三个儿子，其中的长子始称仲孙氏，后称孟孙氏，世代做鲁国的上卿。

据说，孟子就是孟孙氏的后人，所以，孟母去世后，孟子从齐国赶回，把母亲葬在了鲁国，明显是落叶归根之意。

孟子年幼时父亲亡故，幸好孟母见识非凡，终于把儿子培养成人。

历史上有著名的“孟母三迁”的故事，说的是孟母为了给孟子找到一个理想的学习环境，曾经多次迁居。成人后的孟子也特别强调环境对一个人的成长所起的作用。

孟子思想的主要来源之一是孔子学说。孟子自己说，在他求学的时代，孔子过世已逾百年，想直接从孔门学到些什么，甚至从孔子的再传弟子那里学到些什么，都是不可能的事情。

孔子死后，他的弟子产生了思想分歧，孔学分为若干派别进行传播。孔子弟子大多生活在鲁国，而鲁国也有着孔学生存和发展的基础，于是，早期儒学得以在鲁国产生广泛影响。

孟子自称，他的学问是私下里向人学来的，但具体是哪个人，孟子没有明言。这有两种可能，一种是孟子的老师并不是杰出人物，二是孟子并没有过相对固定的老师。

对于孔学的诸多传人，孟子几乎都有了解，但他唯独对曾子（曾参）倍加尊崇，同时他又认为，孔子的孙子子思（孔伋）继承了曾子的思想。后人就根据孟子的这种婉转陈述，认为孟子就学于子思的门人。

其实，根据孟子心高气傲的为人，他可能会夸大他所崇拜的某些人物的思想，但绝不会编造没有发生过的事情。如果他的学说确实来自子思，孟子是不会不大加宣扬这一事实的。可是，孟子只是推崇子思的人格和思想，这就说明，孟子只想凭借子思的思想证明他的言行的正确性，并不想在实际的思想传承方面用子思做文章。

与同时代的绝大多数思想家一样，孟子也是积极的求仕者。

孟子时代，比之于孔子时代，政治上更加动荡，思想界也更加活跃。

当时的儒学不仅没有像西汉以后那样是统治阶层的正统思想，而且还时时潜藏着被其他更加实用的思想学说挤出思想主流的倾向。于是，孟子双管齐下，一方面不遗余力地抨击其他学说，比如墨子之学和杨朱之学，另一方面也积极谋求各国诸侯采纳他的学说。

为此，他也像当年的孔子一样，带领弟子们周游列国，推行他的以“仁政”为核心的思想学说。

孟子的游仕范围不如孔子那么大，除了故乡邹国，就是邻近的齐国和魏国，间或也有宋国、滕国和曹国等。这些国家的君主对他的态度都不错，这一方面是因为战国时代有礼遇人才的大气候，另一方面则是孟子本人所具有的才学和名气。

但是，儒学从根本上不能适应战乱时代的需求，在孔子那里已经得到了证明。无论孟子本人如何坚信不疑，各国君主还是认为他的治国之道迂阔不经、中听不中用。用司马迁的话说就是："持方枘欲内（纳）圜凿，其能入乎？"[①]手持方柄，却要插入圆孔之中，这怎么可能呢？

因为从事的是牛头不对马嘴的事情，所以，终其一生，与孔子一样，孟子也从未在任何一国得到过有实权的职位。

在齐国，孟子做过客卿，这个职位类似于现在的咨政或政治顾问，只能出谋划策，没有决策权，也没有行政执行权。

这一经历尽管很令人失望，但孟子并未因此改变他的原则。

有权有势者只能从外部压服人，而人的真正的力量却在于思想内部，在于强大的意志。

在孟子这里，越是外力强大，其内心越是坚强。

那些人之所以依靠世俗权力逞强，是因为他们的内心是软弱的。

真正的强者，不是用外力强求人们不得不去做什么，而是以道德感召力吸引人们自主去做什么。

实实在在名垂千古之人，是仁者，而不是强者。

这样一来，所有越来越大的外在压力会集一处，反倒使孟子为自己定下了更崇高的目标，即专心致志地做一个儒家思想家，为万世树立起最崇高的道德榜样。

这就是孟子的"大丈夫"精神。

---

① 《史记·孟子荀卿列传》。《楚辞·九辩》："圜凿而方枘兮，吾固知其鉏铻而难入。"可见"方枘圜凿"当是那时候的熟语。

二、大丈夫精神的思想背景

与孔子一样，孟子也是首先想做一个政治家，所以，孟子的学说是定位在政治思想之上的。

孟子政治思想的主干是仁政。围绕着仁政的推行，孟子展开了他的全部思想。

孟子之所以认定仁政是天下政治的唯一正道，从人自身来说是基于人性的本善，从外部因素来说则有上古和近古历代圣王的事迹，以及他认为的由于没有推行仁政而引发的社会矛盾。

要推行仁政，当权者必须首先使自身的道德修养达到最高要求，为此，孟子又不断强调他的由修身达到平治天下的理想途径。

平治天下当然不是一句话的事，所以，孟子也提出过一些实施仁政的具体方法，比如土地制度、教育制度、意识形态以及用人之道等等。

孟子政治思想的总趋向还是要用道德统帅政治。

当然，在劝说当政者增进修养、改变思想的同时，孟子自己也在着力培养合格的政治人才，这就是孟子的教育事业。

虽然因为孟子思想的孤傲和过激，孟子弟子没有取得像孔子弟子那样的成就，但这并不妨碍孟子提出他的一整套行之有效的教育思想和方针。

孟子弟子众多。在孟子周游求仕的岁月里，最高潮时达到

“后车数十乘，从者数百人，以传食于诸侯”①，有几十辆车子追随在后，弟子达数百人之多，这是连孔子在世时都难以望其项背的。

在《孟子》之中，留有名字的就有公孙丑、万章、乐正克、陈臻、公都子、充虞、高子、陈代、彭更、北宫、匡章、徐辟、咸丘蒙、桃应、屋庐子等十几人。这些留有名姓的弟子虽然在数量上不及孔子弟子，但在当时也可以说是天下第一。

与孔子弟子一样，孟子弟子也是来自社会各个阶层，来自当时的各个国家。

因为每个人的背景不同，他们所关切的社会和思想问题也各不同。有热衷于求仕做官的，也有醉心于思想学术的。在与孟子的思想交流中，有关心时政的，有关心历史的，也有关心哲学的。总体上讲，与当年的孔门一样，孟门的形成和对现实产生巨大的影响的主要原因，也在于孟子与弟子所组成的有机整体的作用。

没有孟子，就没有孟子弟子，反之亦然。

不过，《孟子》中的孟子弟子与《论语》中的孔子弟子相比，不仅在数量上有所不及，而且在思想水平的深度和广度方面也有明显的差距。

其中最令人印象深刻的是，《孟子》中的孟子弟子很少有他们独立的思想表述。尽管他们向孟子请教的一些问题相当有深度，但却很少能与孟子展开更深入的讨论。在孟子与弟子的相互讨论中，孟子弟子的表现也并不突出。

这一现象可能与《孟子》的成书方式有关。《孟子》主要是

① 《孟子·滕文公下》。

记述孟子的思想，并经过了孟子本人审阅。

孔子去世后，孔子弟子大放异彩，形成早期儒学的一次新的思想高潮。

孟子去世后，战国中后期的儒学并没有出现明显的高潮。这可能与当时的天下政治重心逐渐向西方强大的秦国发生转移的事实有关，但孟子弟子集体影响力的平庸也是不可否认的重要原因。

孟子是现实政治中的失败者，这一点也与孔子相同。

当然，孟子也并不服输，他为自己一生的政治失意思考出了种种原因和对策，其中主要是他的天命论，以及对知识分子独立人格的强调。

在孟子看来，历史的演进和发展是有规律和规则的，并进而断言圣人和王者的出现也是有固定不变的时间上的间隔的。

具体到每一位安定天下的王者的出现，孟子认为必须具备两方面的条件，一是当代帝王的任用和举荐，一是符合天命的要求。

孟子所谓的天命，总体上与孔子的观点相一致，是指任何个人都不能改变的时势的趋向和要求。所谓时势，既有客观的条件，也有主观的因素。比如说王朝的更替，既需要有合乎道德规范的王者的出现，也要有在位帝王的暴虐无道。

在孟子时代，因为缺少能够整合天下的贤明的君主，当然也就不存在举荐继承人的问题。天下政治虽然混乱不堪，但还没有到天下人不能忍受，进而显现出明显的人心所向的程度。所以，孟子怀才不遇，没有机会改变天下政治的方向，也就在情理之中了。

对于当时的政治状况，孟子虽然发出了很多不乏幽默或讥讽的尖锐批判，但从根本上讲，孟子还是有着比较清醒的认识，即儒家思想还没有到占据思想主流的地步。

既然在现实政治的舞台上儒家思想无法取代更为流行的其他思想派别的各显其能，孟子索性就把自己的从政标准确定在非常崇高的位置上。特别是在他的晚年，孟子更是利用自己在思想领域的成就和地位，与世俗当权者展开了针锋相对的较量。

在这种较量中，孟子不仅要求统治者给予儒士实际的政治权力，还要求当政者对于所任用的儒士表现出足够的谦恭态度。

在这种指导思想之下，孟子利用他的过人才智，从各方面阐述了知识分子的特殊作用，强调了士人无可比拟的尊荣，尽情表现了知识阶层的优越感。

如果说孔子在社会分工思想的指导下明确了知识分子的不可替代的社会作用，那么，孟子对知识阶层的做人做事所提出的高标准要求，则最终完成了知识分子形象的塑造和知识阶层的定型。

在儒学史上，孟子的地位虽然不及孔子，但他也有自己的长处。严格来说，孟子是儒家学派的实际建立者。

孟学在宋明理学以后的时代备受知识界和知识分子的推崇，甚至超过了孔学的影响，就是因为孟学具有更强烈的唯心倾向。

这种唯心的倾向，就是更强调人的内在自觉性和意志力，简言之就是“大丈夫”精神。

三、何谓大丈夫

在春秋战国时代，“丈夫”一词的使用很流行，通指男性，更多的是指成年男性。

《国语·越语上》："生丈夫，二壶酒，一犬；生女子，二壶酒，一豚。"说的是人们对于生男生女的不同态度，并以"丈夫"指称男子。

《谷梁传·文公十二年》："男子二十而冠，冠而列丈夫。"又《管子·地数》："凡食盐之数，一月：丈夫五升少半，妇人三升少半，婴儿二升少半。"此"丈夫"则明显是指成年男子。

大约在唐宋之后，妻子称夫为"丈夫"，但"丈夫"之称古意犹存。

在孟子的使用中，"大丈夫"是由"丈夫"发展而来的，也就是说，正是从"丈夫"出发，才上升到"大丈夫"的境界，或者说，正是由于孟子的提升，才由丈夫一跃而为大丈夫。

孟子说，在春秋中期的齐景公时代，齐国有位名叫成覸的勇臣就对齐景公说："彼，丈夫也；我，丈夫也，吾何畏彼哉？"①

在面对齐景公的时候，作为大臣的成覸胆敢吼出："你是个丈夫，我也是个丈夫，我为什么一定要怕你呢？"这位勇臣的其他事迹虽然不为后人所知，但他的如此豪言壮语，显然只能出自大丈夫之口。

孟子在此所称赞的"丈夫之勇"，显然不是以外在力量为标准，而是以内在力量为衡量。虽然我们不知道成覸与齐景公对话的背景，但完全可以想象，成覸肯定是自认为在人格上、在道德支撑上不在齐景公之下，因为君臣之间，若论外在力量，双方的高下是很清楚的。

---

① 《孟子·滕文公上》。

丈夫之勇，为“知耻而后勇”。

孟子曰：

> 人不可以无耻，无耻之耻，无耻矣。
>
> 耻之于人大矣。为机变之巧者，无所用耻焉。不耻，不若人，何若人有?①

作为人是不可以没有羞耻之心的。没有羞耻之心的这种羞耻，在孟子看来，才是真正的无耻。

人可以偶犯过失，做出无耻之事。这虽然不应该，但并不要紧。要紧的是要认识到这是羞耻之事，并加以改正；否则就是无耻之耻了。

同样，羞耻之心对人太重要了。可是，喜欢机巧伪诈之人，却是无所谓羞耻的，因为他们根本就不知道羞耻是怎么回事。没有羞耻之心，就不能算是人，哪还能做出人应该做的事情呢?

羞耻之心是人之道德修养的基础。没有羞耻之心，就不会反躬自问，就不可能去辨别善恶，也就谈不上修养和进步。

这样一来，以人格、品行和道德为支点，“大丈夫”之称呼之欲出。

孟子周游天下，与各家各派的思想均有过正面的思想交锋。

在孟子与纵横家景春的论辩中，景春不禁得意地对孟子说：“像公孙衍、张仪这样的人才是真正的大丈夫。他们一发怒，诸侯就感到害怕，害怕他们弄出什么事情来；如果他们安安稳稳地

---

① 《孟子·尽心上》。

坐在那里，天下就会太太平平，没有战火燃起。”

公孙衍和张仪都是战国时代有名的纵横家，也可以称作那个时代特殊的外交家。他们并没有如同儒家人物那样的明确的政治原则，而只是在当时复杂的政治形势下，利用不太光明的外交手段，骗取各国的信任，牟取私利。

在孟子时代，纵横家纵横天下，与孟子一干人的政治处境形成鲜明对照。

然而，对于景春的吹嘘，孟子深不以为然。

孟子说：“这难道就能叫作大丈夫吗？你大概没有学过礼仪吧？我来给你上一课。”

什么礼仪呢？

在孟子时代，男子做丈夫时，要接受父亲的教诲；女子出嫁时，则要接受母亲的教诲。出嫁的那天，母亲要把女儿送到门口，告诫她说：“到了婆家，一定要恭敬，一定要守规矩，不要违背丈夫的意愿。”

这就是说，以顺从为正道，是当时世俗中妾妇之道，即已婚女性的生活准则。

孟子描述的听命于父母的男女婚嫁，是那个时代的风尚，合理与否，不是此处讲说的主题。

通过对世俗男女之行为原则的描述，孟子真正想说的是，纵横家人物看上去不可一世，但是，由于他们只关心私利，所以，在诸侯面前只能做一个规规矩矩的顺民，如同面对婆家的媳妇一样。他们不能拥有自己的道德和政治原则，遑论独立的人格。某国的诸侯一时惧怕他们，并不是他们本人有什么力量，而是他们用阴谋手法蒙蔽了其他诸侯。

所以，孟子最后告诉景春：

居天下之广居，立天下之正位，行天下之大道。

得志，与民由之；不得志，独行其道。

富贵不能淫，贫贱不能移，威武不能屈，此之谓大丈夫。①

那些真正顶天立地的大丈夫，他们居住在天下最广大的宅子里，站立在天下最端正的位置上，行走在天下最宽阔的大道上。政治上得志的时候，他们与民众一道前进；不得志的时候，就独行其道。富贵不能让他们做出越轨之事，贫贱不能使他们三心二意，在权威和武力面前他们也不会委曲求全。

孟子所说的“广居”、“正位”和“大道”，都是指儒家的政治和道德原则，而纵横家则根本没有原则可言。如果硬要让他们说出自己的原则，也只能是个人的荣华富贵。这种不讲原则的富贵，从孔子时代开始就为儒家所不齿。

很显然，孟子对大丈夫的定义虽然立足于内在修养，但其焦点还是在于现实政治上。

“富贵不能淫，贫贱不能移，威武不能屈”是孟子大丈夫精神的内涵，也是孟子面对当时政治现实的宣言和呐喊。

富贵者就能为所欲为吗？

贫贱者就应该被呼来唤去吗？

有权威就能让人委曲求全吗？

回答显然是否定的！

---

① 《孟子·滕文公下》。

为了凸显大丈夫的高度，孟子也批评了大丈夫的反面，即贱丈夫和小丈夫。

什么样的人是贱丈夫呢？

孟子曾经在齐国盘桓很久，希望能够得到像样的从政机会，但是，从齐宣王到齐闵王，两代君主都没有任用孟子的实在举动。

孟子眼见齐闵王对仁政并无真正兴趣，就辞去了客卿之职，准备踏上归故乡之路。

可是，这位齐王一时还舍不得孟子这块招牌，就劝说孟子道："以前曾经很想见到您，却未能如愿。后来得以同朝论政，使我非常欢喜。可你现在却要弃我而去，不知道以后还能否见面？"

孟子不失风度和礼仪地回答说："我当然还想再见，但也知道那只是奢望而已。"其中满含着对齐王的失望和批评。

眼见孟子不答应留下，齐王就对大臣时子说："我想在国都给孟子安排个地方，拨出万钟米粮养活他和他的弟子，以便让官员和其他人有个学习的楷模。你可以替我去跟孟子说一说。"（所谓"钟"，是当时的谷物计量单位。）

时子大概是个明智之人，知道孟子不会答应，就通过孟子弟子陈臻转告了孟子。

孟子虽然缺乏孔子那般孜孜不倦的求仕精神，但听了齐王的话，还是有一些感慨，并进一步表达了对齐国的失望。

孟子说："如果我是个贪图财货的人，为什么要辞去每年十万的客卿的俸禄，而领取一万的教学补助呢？"

说到这里，孟子引用了鲁国权臣季孙说过的一段著名的话。

季孙批评当时的一些政治人物说："谁人不想富贵？但也

不能垄断官职，把富贵全部据为己有吧！”

什么是垄断呢？

孟子的解释是：上古之时，所谓做买卖，就是生产者用自己已有的换取自己还没有的，即所谓物物交换，而有关官员只是管理一下市场秩序而已。

可是，就有那么个卑贱的汉子，孟子贬之为“贱丈夫”①，一定要登上高冈，东看看，西看看，想把好处都据为己有。人们痛恨他的卑鄙，管理人员就开始收他的税。

孟子认为，商人征税，就是从这个贱丈夫那里开始的。

孟子所谓垄断和征税起源的说法，不知有几分史实上的可靠性，后人对此也是争论不休。

在此，孟子如此比喻的意思是说，这个所谓的“贱丈夫”并不是真正的以货易货者，即不是因为自己需要什么而去做交易，而是囤积居奇，企图通过易货本身而牟利，所以才被征税。

当然，孟子真正想说的是，像齐闵王这样的君主，不看自己的修养和作为，却想把天下所有的贤才都霸占在自己身边。

齐王的做法其实并不是想任用这些贤人，而只是想把天下的利益据为己有。

易言之，齐王也是形同贱丈夫，德行太低，欲望太高。

那个企图垄断市场的贱丈夫最后还是被征税，而企图垄断人才的王者，当然也不会得到理想的结果。

那么，什么人又是小丈夫呢？

不用说，上述被“吊”在齐国的状态显然是孟子不能持久接

---

① 《孟子·公孙丑下》。

受的。

终于有一天，孟子痛下决心，离开了齐国。

可是，在齐国边境，孟子却住了三天三夜才出境。

就在这三天三夜的最后等待中，有个叫尹士的齐国人，应该也是个有地位、有名声的人物，公开评论孟子说："如果你没看出齐王不可能达到汤王和武王的高度，就说明你脑袋糊涂；如果看出他不行，却还要来到齐国，就说明你的目的不在仁政，而在于求取恩泽，想做官。不远千里来见齐王，因为不被知用而离去，为什么却这么拖泥带水呢？我很难赞成这种做法。"

弟子高子听到了这番议论，转告了孟子。

孟子很豁达地说："尹士怎能理解我呢？不远千里来见齐王，确实是我自愿的；可是，因为不被知用而离开，怎能说是我情愿这么做呢？那是不得已啊！

"我想，齐王也许还能改正。如果他改正了，就一定会请我返回。但是，直到我离开昼地，齐王也没有派人追回我，我这才最后下定了回归的决心。

"我难道是个心胸狭窄、没有修养的小丈夫吗？因为谏言未被接纳，就大发雷霆，脸上满是怨艾之色，并且一怒而去，直到走不动的时候才驻足吗？"

在孟子一生的政治追求中，对齐闵王确实寄予了最大的希望。尽管齐闵王算不上是当时最好的君主，但对孟子的态度和给予孟子的待遇一直很好，确实令孟子动心。

孟子的"予岂若是小丈夫"①的一番辩白，是从反面强调了大丈夫精神。

---

① 《孟子·公孙丑下》。

大丈夫以大道为先,小丈夫以个人利益为先。

大丈夫坦诚表达意愿,小丈夫总是遮遮掩掩。

大丈夫能屈能伸,小丈夫一味地冲动。

从孟子的言语中可以看出,孟子对齐闵王可以说是恋恋不舍。但是,孟子越是如此表达,越让我们为他感到凄凉。尽管这位尹士最后承认了自己是小人,未能理解孟子的心绪,但是,即使能够理解,现实的结果又会是怎样的呢?

现实中的最终结果真的是无从假设,但令后人体会到的,只有孟子的大丈夫精神。

第一章 大丈夫精神的哲学诠释

人的力量体现在哪里?

总体上讲,人的力量就在精神和身体两个方面。

对于思想家而言,优先肯定和强调的,必是精神的力量和思想的力量。

在先秦诸子中,对于精神力量的强调,并予以哲学诠释的,孟子的成就最为引人注目。而孟子哲学在这方面的成就,对于中国古代知识分子群体中的影响力更是无与伦比。

曾有一个时期,有学者把孟子思想定义为唯心主义。事实上,孟子哲学思想并不涉及本体论的问题。

孟子哲学极力强调人的主观性,强调心志的主导性,这是乱世之下知识分子的一种自然选择。

孟子坚持认为,只有尽力扩充自己的善良本心,才能理解人的本性。

理解了人的本性,也就理解了天道。

保存好本心,怡养好本性,就是遵循天道的要求行事。

无论生命的短长,都不要三心二意。

加强自我修养,等待天道的指示,这就是一个人的命运所在。

有些东西,想求取就能得到,舍弃它就会失去,也就是说,求取的过程有助于获得,因为想求取的东西就在心里,即所谓“求在我者”。

还有些东西,求取时须遵循一定的原则,最终得到它还须有天命的配合,也就是说,这种求取的过程并不一定有助于获得,因为想求取的东西在我的身外,即所谓“求在外者”①。

所谓“在我者”就是精神性的东西,所谓“在外者”则是物质性的东西。

孔子说:“我欲仁,斯仁至矣。”②个人修养仁德的过程完全是自觉自愿的结果,至于利禄功名,则不是下决心就能得到的东西,而是还需要一定的外在条件。

特别是孟子的大丈夫精神,是一种明显的人生观和价值观的追求。

对于孟子的“大丈夫”而言,关键是获得符合天道的心志之力。

“大丈夫”是能够持守道义的人,而只有持守道义才能获得无边的力量。

一、不动其心,浩然之气

在《孟子》中,弟子公孙丑与老师交流最多。

---

① 《孟子·尽心上》。

② 《论语·子罕第九》。

在某个场合，公孙丑先是设问：“在我看来，假如老师您做了齐国的卿相，得以推行自己的政治主张，以至于取得了霸者或王者的成就，这当然没什么让人惊异的。”后半生的孟子，尤其渴望人们能够肯定他的政治追求。

不过，公孙丑真正的问题是：“但我想知道，如果有了这种机遇，您能不动心吗？”这是个心理问题，更是人生观的重要问题。

孟子淡然答道：“我到四十岁的时候就已经达到不动心了。”

那么，此所谓“不动心”究竟是什么意思呢？

孔子自称“四十不惑”[①]，说的是到了四十岁时，思想已经成熟，不会因为一时的际遇而有所变化。

四十岁通常是一个人思想定型的时候。

孟子也是说，他在四十岁的时候已经拥有了坚定不移的主张。特别是当他面对政治现实之时，不论是否被君主知遇，仁政的追求是不会改变的。

这与孔子的“不惑”有同样的意向。

说到这里，公孙丑自然就会关注老师所谓的“不动心”是如何炼成的了，即“不动心有道乎”[②]？怎样修养才能达到不动心的境界呢？

孟子认为，要达到不动心，至少要经过三层境界。

说到第一层境界，孟子提到的是齐国人北宫黝，此人是当时有名的侠士。这种侠士战国时代多有，极端看重声誉，通常是一

---

① 《论语·为政第二》。

② 《孟子·公孙丑上》。

诺千金,勇往直前地完成自己的承诺。但是,这样一来,有时未免就不太注重大义。

孟子说,北宫黝修养勇气的方法是,面对敌手,不仅身体不会退却,连目光也不会偏离。有人胆敢动他一根毫毛,就好像使他在大庭广众之下遭受鞭打一样,绝不忍受。无论是平头百姓,还是诸侯国君,都别想欺辱他。如果有必要去刺杀国君,与刺死普通人并无两样。他也根本不怕什么诸侯,如果他们胆敢辱骂他,就一定要回击。

至于第二层境界,孟子是以当时的另一位有名的侠士孟贲为例。

孟子说,孟贲修养勇气的方法和表现勇气的原则就不同了。即使面对战胜不了的人,他也要抱着必胜的信念。孟贲说:“估量了敌人的力量之后再前进,考虑了胜负之后才交锋,那么,面对劲敌之时,就一定会畏惧不前。我怎能做到每战必胜呢?也只不过是无所畏惧而已。”很显然,这也是没有把道义放在首位。

孟子认为,上述两位侠士的勇气确实很难以高下论之,但孟贲之勇不讲究那么多的外在因素,比较简约可行。

说到第三层境界,孟子的例证是孔子的两位高足,曾子和子夏。

子夏之学注重外在条件,与北宫黝相似;曾子之学则注重要求自己,与孟贲相似。

孟子更为推崇曾子,就引用了曾子的话。

曾子说:“孔子曾经对我说,大勇之人会反躬自问:如果正义不在我这里,即使是个无权无势的普通人,我也不会去恐吓他;如果正义在我,即使面对千人万人,我也要勇往直前。”

孟子的结论是，孟贲简约的修养之道，又不如曾子那样的能够自我约束。因为孟贲不分青红皂白，只凭着一股勇气，曾子则强调以正义约束勇气。

这样一来，要想修养到孟子的不动心，就是一个从身体之勇到达精神之勇的过程，而精神之勇才最深沉、最有力、最符合道义，所以才是真正的勇。

一旦正义在我，人就会无所畏惧。

一旦无所畏惧，人就会不动其心。

孟子以及孟门所推崇的"不动心"显然是一种崇高的思想境界。不过，孟子所言，基本上是其他人的表现。

作为弟子，公孙丑自然更为关注老师的"不动心"是因何而来，并且达到了什么样的高度。

于是，公孙丑进一步问道："先生您所擅长的是什么呢？"意思是说，与上面提到的那些人物相比，老师不动心的特别之处在哪里呢？

这样的问题乍听上去有些古怪，甚至难以回答，但在孟子这里，却正好问到了令他最得意的地方。

孟子的回答铿锵有力："我知言，我善养吾浩然之气。"①意思是说，我能理解别人的言辞，还善于怡养我的浩然之气。

孟子所言"浩然之气"，直贯中国历史几千年，最为"大丈夫"们津津乐道。

那么，什么是浩然之气呢？在当时，孟子也承认一下子很难说明白。

---

① 《孟子·公孙丑上》。

不得已，孟子就以描摹的方式加以说明。

在孟子看来，泛泛地说，“浩然之气”是一种无形的、没有边际的、刚强的东西。

这种浩然之气，如果坚持用正直之心去培养它，而不贼害它，它就会充满天地之间。

这种浩然之气，时时刻刻都要以符合正义和大道的行为去表现，人的行为中一旦缺乏正义和大道，所谓浩然之气就会变得很乏力。

这种浩然之气，是长期坚持正义且不断积累的结果，不是偶然的正义行为所能达到的。

所以说，一旦行为与思想发生了冲突，浩然之气就变得软弱无力了。

总的来说，孟子认为，对于浩然之气，一定要积极地去实践、去修养，但不要强求；思想上不要忽视它，也不要急于求成。

说到这里，孟子讲述了那个著名的“拔苗助长”的故事。

故事说的是，有个宋国农夫，直嫌麦苗儿长得太慢，某一天突发奇想，就把它们都往高里拔了拔。辛苦了半天，筋疲力尽地回到家里，还对家人说：“今天可累死我了，我帮助麦苗长高了不少。”他儿子听了很奇怪，赶快跑到田里一看，麦苗早都枯死了。

孟子长叹一声：可惜的是，不去拔苗助长的人太少了。

这其中的原因是，浩然之气属于精神范畴，而精神或思想领域的事物，或者精神的提高和思想的长进，都需要一个较长时间的坚持和积累。

可是，对于一般人的真正考验，并不是去做什么，而是能够持之以恒什么。

人们往往因为扎扎实实地做工作进度太慢而丧失兴趣，以至于根本不去锄草；或者是干脆去走捷径，拔苗助长。

没有想到，这不仅毫无益处，还大有害处。

浩然之气的培养如同麦苗的生长，既需要用心呵护，又需要耐心等待。

浩然之气既是孟子哲学思想的体现，又是其人生观的表态。

浩然之气也是气，自然要受心志的统帅。

人的行为会影响心志，当然也会影响到浩然之气的培养。

合于义的行为是浩然之气的来源，而心志决定了行为的合义与否。

心志与行为的统一，或者说行为听从心志的控制，是浩然之气的根本保证。

在孟子看来，“义”和“道”是人固有的品质，而浩然之气所体现的正是“义”和“道”的精神，所以，浩然之气只能由心志来生发和维护。

既然是维护，就不能弃之不顾，也不能拔苗助长。

孟子的观点虽然有助于人的正义行为的养成和表现，但在哲学上却主张心志或思想的主导地位。

这样一来，不动心就与浩然之气成为一个事物的两个方面。

只有坚持正义与大道的心不动，不被外在所左右，才能养成浩然之气。

浩然之气反过来又能保证此心不动。

所以，只有此心不动，只有养成浩然之气，才能成就大丈夫的品质。

二、人有四端，怡养心志

曾经有一阵子，学术界认为孟子的思想是唯心主义。

孟子确实认为人心是至高无上的，这可以从几个方面看出来。

比如在政治上，孟子的最高理想是实现“仁政”，即以儒家仁道为目标的政治作为。

谈到仁政的心理基础，孟子提出了他著名的“不忍人之心”的理论。

孟子说：“人皆有不忍人之心。”[①]所谓“不忍人之心”，就是不自觉的、下意识的怜悯和同情之心。

在孟子看来，古代的先王们正是因为有不忍人之心，才造就了不忍人之政，也就是仁政。所以，孟子的结论是，以不忍人之心推行仁政，治理天下就易如反掌了。

那么，为什么说每个人都有不忍人之心呢？孟子最著名的例证是，如果突然看见有个小孩子就要掉入深井，谁都会怦然心动，产生恐惧和哀痛之心。

之所以强调了“突然”，是因为目击者根本不知道这个小孩子是谁，跟自己有没有关系。用孟子的话说，这种恻隐之心的产生，既不是为了结交小孩子的父母，也不是强求朋友乡亲的称赞，更不是因为讨厌听到孩子的哭声，而纯粹是人心的自然搏动。

孟子由此推导出，如果没有恻隐之心、羞耻之心、辞让之心

---

① 《孟子·公孙丑上》。

和是非之心，就根本算不上是个人。

孟子进而认为，恻隐之心是仁的发端，而羞耻、辞让和是非之心则分别是义、礼和智的发端。人有这样的“四端”，就如同有四肢那样自然而然。

对于各个层次的政治家而言，有了四端，有了仁义礼智的萌芽，却说自己不能施行仁德，就等于是贼害自己；如果认为他的君主不能履践仁德，就等于是贼害君主。

说来说去，有一点是不能改变的，即：如果把天赋予我的四端不断扩充下去，就如同刚点燃的火焰，刚通达的泉眼，必将势不可挡，足以安定天下；如果不去扩充，任其泯灭，恐怕连待奉父母的职责都完不成。

从“不忍人之心”到“四端”，我们看到了孟子对于儒家传统道德仁义礼智的极度强烈的崇信之心。

“不忍人之心”和“四端”是人之所以为人的基本要素，也是大丈夫精神得以成立的心理基础。

孟子的“浩然之气”需要有“养”，左右浩然之气的心志也需要奉养、怡养和累积。

对于什么是“养志”，孟子举出一个生动的例证：

当年，在孔子门下有著名的弟子曾参，后世称曾子。

孟子以曾氏三代的事例论证了“养志”的重要性。

孟子说，曾子奉养父亲曾皙的时候，每顿饭必有酒肉；收拾剩饭的时候，必定要问父亲还吃不吃；如果曾皙问厨房里还有没有剩余的，曾参一定会回答说有。

可是，当曾元奉养父亲曾子时，情形就不同了。虽然每餐也有酒肉，但收拾剩饭时从不问曾参还吃不吃，而当曾参问厨房里还有没有剩余时，曾元就会回答说没有，这是打算下一顿再进用。

在这个对比里可以发现，曾元对待父亲，只能叫作奉养口体，有吃有喝就行了，而不太在意态度。可在曾子那里，却是贯彻了“养志”[①]的原则，以心志为奉养，在让父亲吃好喝好的同时，还要满足亲人的心志，即精神需求，让他们心情舒畅。

不用说，像曾子那样待奉亲人的，才是合格的孝子。

更为重要的是，这样的事例充分说明，人的身体固然重要，但心志更为重要；修养外表固然重要，但怡养心志更为重要。

不论是孝子，还是亲人，如果失去了心志的联系，相互关系就会变质。

由此可见，正是心志，才能够决定一个人的存在和价值。

所谓“大丈夫”的力量，也是来自心志。

大丈夫的力量，最深沉之处，就是心志的力量。

孟子说：“养护善心的最好办法是减少物质欲望。如果能减少物欲，即使善性有所丧失，也不会失去多少；如果不断增加物欲，即使善性能存留一些，也不会有多少。”

根据这种观点，人的天性之善的大敌是物欲。

但是，物欲又是如何产生的呢？孟子对此总是避而不谈。

三、反求诸己，以德服人

作为人，既然起根本作用的是心志，是人心，那么，要想活出

① 《孟子·离娄上》。

个样子，要想活出大丈夫的气概，就只能“求诸己”，主要在自己身上做文章。

还是从孟子最为关注的政治领域说起。

在孟子看来，讲求仁德就会得到政治荣耀，不行仁德就会遭受屈辱。

可是，孟子认为，当时的统治者，在厌恶受辱的同时又不倡导仁德，在国家安定的时候只知道纵情游乐，这就好比是厌恶潮湿的同时还要居住在低洼之地一样，明明是自求祸殃嘛！

如果真正地厌恶受辱，唯一的出路就是敬重德行，尊重有德之士，让有修养、有才能的人担任要职。

《诗经·大雅·文王》说：“永言配命，自求多福。”我们永远与天命相一致，自强不息，求得多福。

《尚书·太甲》则说：“天作孽，犹可违；自作孽，不可活。”上天作孽，还可以躲避；自己作孽，就无处可逃了。

孟子指证，在当初，诸侯各国力量都差不多，但到最后，大小强弱却那么悬殊，说明完全是当政者自己的缘故。

这就是说，国家的兴衰存亡，是由掌握国家方向的人决定的。

一个国家，要想兴旺发达，从根本上说是由这个国家自己说了算。

做人也是如此，做大丈夫更是如此。

所谓“求诸己”，反身要求自己，是强调了主观能动性在道德修养中的关键作用。

孟子指出，造箭的唯恐自己的产品不能伤人，制造盔甲的唯恐使用者受伤。但这并不是说造箭的人就比造盔甲的人更不仁爱。巫医和木匠的关系也是这样。

这就告诉人们,选择职业时一定要谨慎,以免让职业所求影响了道德修养。

所谓选择,就是自主抉择,就是“求诸己”,自求多福。

孟子引用孔子的话说:“里仁为美。择不处仁,焉得知?”[①]即使是选择住处,也最好是与仁者为邻,否则就算不上是明智之人。

孟子进而认为,仁是上天颁下的最尊贵的爵位,是人的最安稳的住宅。

从没有人阻止你,你却不行仁,这就是不明智的表现。

思想上不仁不智,行为上无礼无义,就只能被别人役使。

所以,仁者如同竞射一样。射手首先应该端正自己的姿势,然后再放箭;如果射不中靶,不要埋怨别人胜过自己,而是应该“反求诸己”[②],反躬自问,寻找自己的不足之处。

孔子说过:“为仁由己,而由人乎哉?”[③]追求仁义,完全在于自己,与他人无关。

做官不能完全靠自己,想赚钱也不是自己说了算。

只有求仁,是行是止,完全由自己决断。

至于做不做大丈夫,同样完全决定于自己。

所谓求之于自己,显然是强调内心的决断和精神力量。

而能够让他人信服的精神力量,最重要的就是人的道德力量。

---

① 《论语·里仁第四》。

② 《孟子·公孙丑上》。

③ 《论语·颜渊十二》。

"反求诸己",是求自己的什么呢?孟子依然以政治为例。

"霸"与"王"的区别,是先秦儒家的政治主题之一。

从历史来看,在春秋时期,诸侯国比较多,力量比较分散,周天子的作用也还不是可有可无,所以就先后出现了"五霸"或"七霸"号令诸侯的政治局面。

可到了战国时代,随着政治和军事资源的相对集中,周天子的存在已经形同虚设,称王天下的观念就应运而生了。

霸者和王者都是强权政治的表现,但霸者通常是假借着恢复周礼、维护周天子权威的旗号出现的,就是孟子所说的"以力假仁",以强力推行仁道。

但是,要成就霸业,必须有雄厚的政治资源,因此,孟子才又补充说,必须是大国才能成为霸主。可惜的是,正因为霸者完全依靠强力,所以,拥护霸主的人都是因为自己力量弱小,不敢与霸主公开抗衡,才在表面上表示服从,而并不是"心服",不是发自内心的服从。

在孟子看来,王者就不同了。

王者不一定非得是大国。汤王的封国不过七十里见方,文王也只有百里。但因为王者是真心实意推行仁德,"以德行仁""以德服人",所以,追随者都是"中心悦而诚服"①,如同"七十子"对待孔子一样,是从内到外的诚心折服。

"七十子"指的孔子弟子。据记载,孔子的杰出弟子有七十多位,史称七十子。

孔子乃布衣凡人,终其一身基本上无权无势,没有强大的外力支撑,但却能吸引那个时代最有出息的一群弟子"诚服"追

① 均见《孟子·公孙丑上》。

随，在孟子看来，这就是“以德服人”的最高典范。

儒家的“以德服人”，就是强调内在的力量，心志的力量。

孔子提出以仁德为人生的目标，政治的归宿。

孟子更是潜心寻求路径，最终提出“浩然之气”的理论，并以大丈夫精神作为具体表征。

在传统儒家看来，最强大的内在之力，就是道德之力。

“反求诸己”所追求的，当然也是道德之力。

孟子又说：“只是要求他人服从于善，那是不可能让人折服你的；把善从自己身上推广开来，用善怡养他人，让人家确有所得，才能让天下人都折服你。”

“天下不心服而王者，未之有也。”①如果不能让天下人对你心服口服，还想称王于天下，那是从未有过的事情。

在孟子看来，所谓以善服人，就是让天下人行善，自己仍旧可以作恶；或者是只讲抽象的善的道理，而没有具体的善的行为。而以善养人，则是在要求人们行为良善的同时，还能使人从良善的行为中得到利益。

仁义道德不是嘴上说说就能折服天下，只有化为具体行为，才能让天下人心悦诚服。

“大丈夫”精神之所以能够让历代读书人所认同，也是因为它是实践的产物。

① 《孟子·离娄下》。

四、根本在身，反身而诚

儒家强调道德修养，对自我的要求格外严厉。

在传统儒家看来，道德修养不能强求和强加，而只能依靠自己的内在积极性。如果有了内在需求和行动，就不会受到任何条件的制约。

孟子又把这一原则推广到政治领域，其背景是君主专制的政治体制。

君主声称爱百姓，百姓却不亲近我，就得反躬自问，仁爱表现得是否还不够；

君主管理人民，却没有管理好，也要对自己的智能提出反问；

君主礼貌对待贤人，却没有得到回应，还要反躬自问，自己的恭敬是否不太到家。

总之，“行有不得者，皆反求诸己”①，任何行为，包括政治行为，如果达不到预期效果，行为主体都要反躬自问。事实上，如果自己确实身正影直，天下之人迟早都会来归顺。

针对当政者和从政者，孟子进而强调说：“天下之本在国，国之本在家，家之本在身。”②

在战国时代，“国家”之类的政治地域概念与后世大有不同。那时的人们也没有今天所谓的“世界”的概念，而是认为天

① 《孟子·离娄上》。
② 《孟子·离娄上》。

底下、地上面，只有华夏民族及其周边所谓“蛮夷”的存在，这才有了“天下”的概念。

孟子在此所说的“天下”，指的是整个中原地区，或者是以中原地区为中心的各族聚居区；“国”则指的是诸侯国，“家”指大夫之家，世家大族。

正是在上述背景下，孟子才说：“天下的基础是国，国的基础是家，家的基础是个人。”这也是后来《大学》所谓的修身、齐家、治国、平天下的直接思想来源之一。

孟子时代的知识分子，都是把政治追求放在人生的首位，而要想做一个合格的从政者，必须把对自身有要求放在首位。

对从政者自身的要求中，传统儒家又把道德修身放在首位。

孟子尖锐地指出：“不仁之人能听得进话吗？明明是因为不仁而身处危险之中，却安然不动；眼看就要遭受灭顶之灾，还认为有利可图；就要亡国了，还自得其乐。如果不仁者还能听得进话，又怎能亡国败家呢？”

讲到这里，孟子引用了流传颇久的一首童谣：

> 沧浪之水清兮，可以濯我缨；
> 沧浪之水浊兮，可以濯我足。[1]

> “沧浪河水清又清，我来河边洗帽缨。
> 沧浪河水浑又浊，我到河边洗双足。”

---

① 《孟子·离娄上》。

据说，孔子曾就此对弟子们说："大家听着啊，用清水洗帽缨，用浊水洗双脚，这完全是由自己决定的。"

孟子就此感叹说：一个人，因为自取其辱，才会遭受他人之辱；一个家族，因为自我毁灭，才会招惹他人来毁灭；一个国度，也是因为自我杀伐，才会引来别国的攻伐。

面对当时之人对礼义不感兴趣的情况，孟子既有正面的倡导，也有反面的批评，而且批评的言辞有时还相当激烈。

"那些自暴自弃的人，既不值得跟他们言说高尚的道理，也不值得跟他们一起从事崇高的事业。

"一出口就说礼义的不是，叫作自暴；自己瞧不起自己，自认为不能以仁德为指导思想，不能遵循道义而行，叫作自弃，自己抛弃了自己。"

其实呢，"仁，人之安宅也；义，人之正路也"①。仁德，正是人的最安适的住宅；道义，正是人的最正确的路途。

这让孟子不由得慨叹："让最安适的住宅空着，丢开正确的路途不走，真是太可悲了。"

在中国古代专制政治体制之下，在下位者要想放开手脚地工作，必须得到上级的信任。

孟子以此为切入点，讨论了"诚"在修身过程中的关键作用。

在孟子看来，如果不能获得上级的信任，就不可能完成工作。

① 《孟子·离娄上》。

要想获得上级的信任，就必须在日常生活中取信于朋友。

取信于朋友的基础，是待奉亲人，让他们欢心。

让亲人欢心的基础，就是反过头来要求自己，一定要诚心诚意，即“反身而诚”。

诚心的基础，则是内心里明白什么是善。

孟子的结论是，一个“诚”字，就是上天的原则。追求诚，就有了做人的原则。只要你能够做到极端诚信，就没有感动不了的人。只有不讲诚信的人，才不能使人感动。

对“诚”的强调，主旨还是突出心志的主导作用。

人心与天道是一致的。

孟子宣称：“万物皆备于我矣。反身而诚，乐莫大焉。”[①]

“万物的道理都在我的心里。在精神修养的过程中，顺着我的本心去做，在我反躬自问时能肯定自己是诚恳的，就是最大的人生乐趣。”

孔子和孟子都特别注重“恕”，就是推己及人的原则。

孟子认为，严格按照“恕”的原则行事，是求仁的最近路途。

孟子的哲学思想，因为把人的主观努力放在首位，所以深得传统知识分子的欣赏，在宋明儒学的时代更是大放异彩。

特别是“万物皆备于我”的断言，更是道出了哲学家的豪气。

所谓“万物皆备于我”，并不是说我能够主宰外在世界，也不是说外在世界只是因为我而存在，而是说我能够掌握万事万物的原理或规律，从而认识世界，完成自己的道德修养，最极端

---

① 《孟子·尽心上》。

的理解，也只是说与我无关的事务，我可以视其为无。

这种精神追求，需要有大知识和大智慧，所以才成为真正的知识分子的精神首选，也是大丈夫精神的哲学基础。

在儒家传统中，孟子既重视道德修养，又重视自我反省，并且把此二者发展到了极端重要的程度。

孟子认为，君子不同于普通人的地方，就是他有良苦的用心，即用心于仁和礼。

仁者爱他人，讲礼者尊敬他人。爱人的人，总能得到他人之爱；尊敬人的人，总能得到他人的尊敬。

假如有人对我蛮横无理，君子的做法就应该是反躬自问："我必定有不仁和无理的地方，否则他怎么会对我这样呢？"然后进行自我检讨。

自我检讨之后，如果能够肯定我确实是行仁而有礼的，君子还会再一次反躬自问："这种蛮不讲理，一定是由于我的不忠引发的。"然后再进行自我检讨。

如果二次检讨之后，肯定我并没有不忠之处，那么，对这种蛮横无理就可以作结论了。

什么结论呢？

君子大胆肯定道：这个人不过是个狂妄之徒罢了。他如此蛮横待人，与禽兽又有何区别？而我们又怎么能责难禽兽呢？

这样一来，君子只有伴随其一生的忧虑，不会有突发的祸患。所谓一生的忧虑就是：舜是人，我也是人。舜为天下人树立榜样，传给了后代，而我却免不了做个普通人。如何解除这种忧虑呢？那就是做一个大舜那样的人了。除此之外，君子的忧虑就没有了。

“非仁无为也，非礼无行也。”[1]不符合仁和礼的事不去做。所以，即使有了突发之祸患，君子也会坦然接受，不放在心上。

曾子对自己的要求是每天“三省吾身”[2]，从忠、信、习三方面检讨自己做得如何，这与孟子在此对自己的要求基本上是一致的，只不过是孟子设想的情形更为具体而已。

五、舍生取义，求其放心

说来说去，人之所以为人，在孟子看来就是“心”存在与否、端正与否。

孟子就此举过一个著名的例子。

他说，齐国都城临淄郊外有座山叫牛山，草木曾经非常茂盛。

因为地处大国郊外，不断有人上山砍伐，牛山上的草木怎能一直茂盛下去呢。

尽管它还有日日夜夜的生长力，雨露也会有所滋润，并不是没有草木萌生。可是，人们又在上面放牧牛羊，使它终于变成了光秃秃的山头。

不知情的人，看见现在光秃秃的样子，就以为牛山从未生长过木材，这难道是牛山的本来面目吗？

同样，在人们身上，难道真的没有仁义之心吗？

有些人之所以丧失了良心，正好比是斧头对于树木一样，每

---

① 《孟子·离娄下》。

② 《论语·里仁第四》。

天不停地砍伐,它还能够茂盛吗?

他们日日夜夜的善念的生长,以及每天清晨接触到的清新空气,好的坏的,跟别人也差不了多少。可是,他们白天的所作所为,又把其中的善念给限制和销蚀了。

就这样不断地销蚀,夜里生发出来的善念根本不能存在;善念不能存在,离禽兽就越来越近了。

不知情的人,只看见这种人的禽兽般的表现,而不知道他还有过善良的本性,这难道是人性的本来面目吗?

所以,如果能得到适宜的生长环境,任何东西都能茁壮生长;如果环境不利,任何东西都会被销蚀掉。

孟子引用了孔子的说法,“操则存,舍则亡;出入无时,莫知其乡”①。握紧就丢不了,放弃就会跑掉;来来去去没有一定之规,就会失去方向。

这说的就是人心啊!

事实上,人人都有此心,人人都可以做大丈夫。

在当时的社会环境下,孟子对于人心的丧失有着非常痛切的感受。

经过深入的思考,孟子提出了许多具有震撼力的观点。

其中非常著名的就是他的“鱼与熊掌”之论。

孟子曰:

“鱼,我所欲也,熊掌,亦我所欲也;二者不可得兼,舍鱼而取熊掌者也。生,亦我所欲也,义,亦我所欲也;二者不可得兼,舍生而取义者也。”

---

① 《孟子·告子上》。

鱼我想要，熊掌我也想要；如果二者不能同时得到，我就会舍弃鱼而要熊掌。生命我想要，道义我也想要；如果二者不能同时得到，我就会舍弃生命而求取道义。

孟子接下来的论述同样精彩。他说：

> 虽然我喜欢生命，但是，如果有比生命更让我喜欢的，我就不会苟且偷生；
>
> 虽然我厌恶死亡，但是，如果有比死亡更令我厌恶的，我就不会逃避死神。

一个人，如果他所追求的东西没有胜过生命的，那么，凡是可以让他偷生的事情，他都会干得出来；如果他所厌恶的东西没有胜过死亡的，那么，凡是可以逃避祸患的事情，他就都会做得出来。

但是，就有这样的人，即使通过无所不为能得到生命，也能逃避死亡，他也根本不会去做。所以说，世界上就有比生命更令人向往的东西，也有比死亡更让人厌恶的东西。

这样的思想，并非只是贤人才有，实际上人人原本都有，不过是贤者没有丧失掉罢了。

在以上原则之下，孟子声明：

比如这里有一筐饭、一碗汤，得到了就能活下去，得不到就会饥渴而死。可是，如果是恶声恶气地送给人，就是饿得走不动的行路之人也不会接受；如果是践踏之后再给人，即使是乞丐也不屑一顾。

哪怕是万钟的俸禄，如果不问是不是合乎礼义就接受下来，对我能有什么好处呢？是为了华美的宫室、妻妾的服侍，以及我所认识的穷人因为从我这里有所得而感激我吗?

我曾经宁肯去死也不接受的东西,现在却为了上面这三个微不足道的原因而接受了,这难道不是鬼迷心窍,把持不住自己了吗?

其实,这就是丧失了一个人本有的善良之心,丧失了人的本性。“失其本心!”①

既然人的本心已失,孟子能做的又是什么呢?他说:

“仁是人的本心,义是人的生命之路。舍弃该走的路不走,丧失了本心而不知道求取回来,真是太可悲了。

“一个人,丢失了鸡犬懂得去找回来,而丧失了本心却不懂得往回找。”

为此,孟子大声疾呼:“学问之道无他,求其放心而已矣。”②所谓求取学问的道理很简单,那道就是把丧失掉的本心求取回来。

显然,孟子在此所说的“学问”与今天并不相同,它不是指求取和研究知识,而是修养道德、面对生活,是指活着的时候做一个大丈夫。

可是,现实中就有这样的人,他们的无名指有时会有个小毛病,比如能屈不能伸。

这个小毛病虽然没让他感觉疼痛,也不妨碍他做事,但是,一旦听说有人能让它伸直,即使那人是在千里之外的秦国或楚国,他也要去。

---

① 《孟子·告子上》。

② 《孟子·告子上》。

这是因为他的指头不如别人的。

指头不如别人，他会深感厌恶；可是，“心不若人”，思想和修养不如别人，他却丝毫不觉得难受。

孟子把这种人称作“不知类”[①]的人，即不知轻重好坏的人。

对于世人的麻木不仁，孟子既急又恨，不惜从各个角度，以各种方式进行提醒和抨击。

对于造成如此麻木不仁现象的原因，孟子直指人心。

可惜的是，世俗中的大多数人更喜欢为眼前的实利斤斤计较，更不用说“心不若人”又是那么的难以衡量了。

正因为如此，孟子才能站在时代之前，看到人生之巅。

正因为如此，孟子才会倡导“大丈夫”精神，并亲身加以实践。

六、养其大体，成其大人

对于世俗之人在道德修养方面的无知和短视，孟子进一步抨击道：

“对于自己身体的每一部分，人都知道爱护，每一部分、每一尺寸都要保养。但是，要考察一个人对自己的身体到底保养得好与不好，唯一的标准就是看他保养的是哪部分。

“身体各部分有贵贱大小之分。切不要以小害大，以贱害贵。

“只保养小体的是小人，而保养大体的则是大人。

① 《孟子·告子上》。

“如果有这样一个园艺师，放着梧桐和楸树之类的名贵草木不保养，却去养护不值钱的酸枣和荆棘之类的低等草木，那肯定是个低贱的园艺师。

“同样，如果有这样的一个人，保养好了一个手指，却丧失了肩背，而对这一切还茫然无知，那就肯定是个行为不检的糊涂蛋了。”

孟子所谓“大人”是那种严格按照礼义行事的人。

对于人来说，礼义是大体，口腹之欲是小体。

“养其小者为小人，养其大者为大人。”①

当然，孟子不是说养大体的人就不要小体，而是正如鱼与熊掌的选择一样，应把养大体放在人生的首位。

把养大体放在人生首位的，才能成就大人。

成就大人，才能成就大丈夫。

那么，“同样是人，有的成为大人，有的沦为小人，这是为什么？”弟子公都子如是问。

“遵从大体之要求就成了大人，屈从小体之要求就成了小人。”孟子如是答。

“同样是人，却有遵从大体和屈从小体的不同，这又是为什么？”公都子穷追不舍。

于是，孟子做出了详细的解释：

“像耳朵和眼睛这样的器官是不会思索的，容易被外物所蒙蔽。所以，耳目这类物体与外物相交，就会被引向迷途。

“但是，像心这样的器官是专门用来思索的。思索就会有

---

① 《孟子·告子上》。

真正的收获,不思索就只能一无所获。这样的器官及其思索的作用,是上天特别赐予我们的。”

“先立乎其大者,则其小者不能夺也。”[1]我们先把人的大体树立起来,小体就不会喧宾夺主了。这样一来,我们就成为大人了。

看起来,大人与小人的区别主要在于有没有用脑子去思考,有没有对人性中固有的善性进行反思。

从大人到大丈夫,都是一个心志成长的过程。

王子垫是齐国的一位王子,他想知道,士人到底做了些什么具体事务。

这显然是挑战儒家对知识分子的定义,更是挑战孟子的价值观。

孟子的回答很不客气,他说:“士人的任务是倡导高尚的志行。”

什么是孟子所倡导的高尚志行呢?

“那就是仁和义。杀死一个无罪之人,就是不仁;不是自己的东西却去攫取,就是不义。仁是人心的居处,义是人们行走的道路。”

“居仁由义,大人之事备矣。”[2]能做到居仁行义,大人的事业就算完成了。

这就是说,士人的目标是做“大人”,向全社会推行道义;他们的追求是高尚的,他们的工作是不可或缺的。

同样,所谓“大丈夫”也并不见得完成了某项具体工作,而

---

① 《孟子·告子上》。

② 《孟子·尽心上》。

是铁肩担道义，引领了高尚的社会风气。

从哲学上讲，“大丈夫”代表的是一种道德风气，一种思想追求，一种永恒的时代精神。

第二章 对君主的政治批判

在孟子所处的战国时代,我们通常所称士人,大体上来讲就是当时的知识分子,其主要的身份是政治身份,主要的社会地位也是政治地位。

对于名闻天下的士人来讲,其与各国君主的关系,是其政治地位和政治成就的主要方面,孟子也不例外。

孟子的大丈夫精神是其人生观和价值观的核心,当然要深刻地体现在他与君主的关系之中。

要看孟子大丈夫精神的表现,就不能不把他对于君主的态度放在首位。而在《孟子》之中,给人印象最深的也是孟子对于君主的全面批判,特别是政治上的批判。

可以说,在孟子这里,大丈夫精神的核心,就是对现实政治的批判精神和抗争精神。

在中国古代专制政治体制之下,从理论上说,君主的权力是至高无上的。所以,君主本人的行为,对于一国的政治确实能起到带头和统帅作用,君主的言行无疑是政治气候的风向标。

正基于此,孟子才说:“如果当政的那个人根本不值得去指摘,他主持下的政治也就不值得批评了。

“君主接受了批评,行仁行义,端正了言行,就不会有人去践踏仁义了,也不会有人不端正自己的言行了。

“君主能够端正自己,所有的人就都能端正自己。一旦把君主的言行纠正过来,整个国家也就安定了。”①

孟子严格要求以仁义标准要求君主,其中的批判精神是显而易见的。

在现实中,君主距离仁义的标准是相当遥远的,所以孟子才提出,君主必须端正自己,必须接受严厉的批评。

一、方向错误

孟子坚定地认为,他那个时代的统治者,首先在政治方向上就犯了大错误。

比如,从传统儒家的角度来看,有些统治者义利不辨,甚至以利害义、以利取义。

孟子成名之后,带领弟子们游说各国,最常去的是魏国和齐国,以及周边若干小国。

在魏国,孟子与梁惠王多有往还,留下了许多精彩的对话,其中最精彩的是著名的“义利之辨”。

梁惠王(又称魏惠王)之“惠”是谥号,意思是“爱民好与”,对人民有惠慈之爱。

不过,据记载,梁惠王一生黩武不止,很难说对人民有多少

① 《孟子·离娄上》:“君义莫不义;君正,莫不正。一正君而国定矣。”

恩惠。于此可见,帝王的谥号大多是其后代的粉饰。

梁惠王的先辈是有名的魏文侯和魏武侯,这是“三家分晋”后,战国前期的两位有作为的君主。文侯和武侯在位期间是魏国的鼎盛时期,到梁惠王时开始盛极而衰。

梁武侯死后,梁惠王与公中缓争夺王位。韩国和赵国支持公中缓,险些使梁惠王失掉王位。

就这样,从继位之日起,梁惠王就与韩赵两国结下了不解之仇。终其一生,不是与韩赵两国直接开仗,就是与两国的后台,齐国或秦国兵戎相见,比如著名的“围魏救赵”的马陵之战就发生在梁惠王在位期间。

在相互仇杀中,魏国也有过占上风的时候,但毕竟不敌四国的不断瓦解。晚年的梁惠王眼看国力一日不如一日,忽然想到了先祖魏文侯招贤纳士的妙招儿。于是,先后有一些著名学者,比如邹衍、淳于髡等纷纷来到魏的都城大梁,向梁惠王面陈治国方略。

此时的孟子正在50岁左右,已经是成了名的贤士,也兴冲冲地来见梁惠王。

下棋有所谓急招缓招,治国也同样有急有缓。

魏国极想摆脱眼前的不利局面,发展经济,达到国富兵强的目的。

所以,看到孟子,梁惠王劈头就问:“老先生呀,您不远千里而来,肯定是有什么办法能让我的国家得利吧?”

孟子不愧为了不起的雄辩家,一下子就抓住了梁惠王话语中的漏洞,以见面礼的形式,结结实实地给梁惠王上了一堂政治课。

孟子说,在目前情形下,根本不必说利,用仁义就可以解决一切问题。因为,如果大家都推崇利,那么,君主要为国求利,大夫就要为家族求利,而普通人也会给自己求利。上上下下都一门心思地取利,利有限而欲望无限,争斗必然产生,国家就会陷入危险之中。

要制止争斗,在孟子看来,以利为武器只能火上浇油。所以,孟子告诉梁惠王,只有仁义才能解决由求利引发的冲突。因为,仁者绝不遗弃自己的亲人,义者不会把自己摆在国君的前面。

那么,由谁来决定是义先还是利先呢?当然是君主。在政治专制时代,大多思想家都认为,如果君主去做什么,臣下就会随之而去。

孟子最终想要表达的思想是:“王亦曰仁义而已矣,何必曰利?”①

这样一来,孟子的批评所向,首先还是一国之主。

与此同时,初来乍到的孟子,因为表现了自己一贯的批评精神,一门心思要完成大丈夫的使命,显然没有获得梁惠王的好感。

由此可见,在专制时代,孟子所定义的大丈夫与当权者就是与生俱来的对立面。

事实上,唯其对立,社会才始终有正义和良心存在。

因为不断受到孟子不客气的批评,梁惠王便想出了个一箭双雕的主意。

---

① 《孟子·梁惠王上》。

梁惠王说:“为了治理好国家,我真是费尽了心思。比如说,河内地方年景不好,我就让那里的人民移居到河东,还用河东的粮食救济河内;反之亦然。再看邻国的政治,并没有我这样的良苦用心。可是,邻国的人口不见减少,我这里的人口也不见增加,这是为什么呢?”

梁惠王所说的河内与河东,都是当时魏国的地盘,以太行山南端为界,河内在东,河东在西。河内主要是指现在的河南省北部,因为在黄河以北,所以称河内。河东地处现在的山西省南部,因为在黄河之东,所以称河东。

在那个时代,劳动力相当缺乏,人口的多少关乎国家政治的成败。孔子理想政治的标准之一就是,君主有道之时,天下人就会扶老携幼来归附。在此,梁惠王便是想以传统儒家的标准为难孟子。

孟子主张仁政,梁惠王就举出了自己的一些貌似仁政的举措,一方面反驳孟子的批评,同时也对孟子仁政的效果提出了质疑。

孟子并未马上做出正面回答,而是从问题的根本点上展开辩驳。

孟子首先以例反问:“你喜欢打仗,请允许我以战斗为例吧。鼓声骤起,刀兵相见,难免出现一些扔掉盔甲、拖着刀枪往后跑的逃兵。有的跑出了一百步,有的则是五十步。如果后者笑话前者,你看如何?”这是那个“五十步笑百步”的来源。

这是个简单不过的问题,梁惠王只好回答,一百步与五十步都是逃兵,没有本质区别。可梁惠王没有想到,这一回答却使他钻入了孟子布下的罗网。

既然明白一百步和五十步没有区别,就别指望自己国家的人口会多于邻国。这是因为,你的做法与邻国也没有本质区别,不过是做了些浮皮潦草的事情,没有在解决根本问题上下功夫。

那么,根本问题是什么呢？孟子首先提出了仁政的经济基础作为回答。

一个国家,如果无法奠定坚实的经济基础,民心就会散乱,其他一切将无从谈起。

孟子说:“不违农时,就会有数不尽的收获;不用细网捕捞,水产就会源源不断;不乱砍滥伐,就会有用不完的林木。衣食住行的来源有了保证,生死问题也就不必担心了。这样一来,民心稳定,王道就有了开端。”

孟子进一步的具体设想是,如果能在林园里种桑养蚕,50岁以上的人就能穿上丝绸。能按时饲养和宰杀鸡狗猪之类的牲畜,70岁以上的人就能吃上肉食。不失农时地耕种好田地,一家人就不会挨饿。衣食不愁了,还要抓好学校教育,教授年轻人孝悌之道,使头发斑白的老者不至于因为无人孝顺而外出劳作。治国达到了这个水平,还不能称王天下,简直令人难以置信。

孟子把发展经济作为道德教育的基础,并强调了在建设物质文明的同时,不放松道德文化的建设。

在正面陈述之后,孟子又从反面说:“如果富贵人家用粮食喂猪喂狗,君王也不加检点;逃荒者饿死在大路上,君王也不开仓赈济,反而面对饿死之人,说什么‘不是因为我治国无方,而是收成不好’,这就好比是你用刀剑刺死了人,却把责任推给了刀剑一样。”

孟子的结论是,如果君王不推托自己应负的责任,不把社会的不公归罪于年景不好,天下的老百姓就会自然而然地来归附了。

孟子如此断言,很显然是认为梁惠王还没有做到这个程度。

这其中透露出的批评态度,比公开的批评更有深度,并表明孟子式的批评是寸步不让的。

经过几番辩论,梁惠王终于发现自己不是孟子的对手,只好认输说:“我情愿安心接受指教。”

可孟子并不想就此罢休,而是要取得彻底胜利。

孟子首先问道:“用木棒与用刀剑杀人,有没有区别?”

梁惠王说没有。

“那么,用刀剑与用苛政杀人呢?”回答说还是没有区别。

这就归结到了孟子的主题,即:君主以苛政杀人。

在孟子看来,有权有势者,厨房里有好肉,马棚里有好马,而平民百姓却面有饥色,甚至饿死在荒野,这明明就是在上位者率领着野兽吃人嘛!野兽之间互相噬食尚且为人厌恶;而一国之君推行的政治,却不亚于率兽而吃人,这怎能称得上是民之父母呢?

如此严厉的批评,就是大丈夫的担当。

当然,在如此担当之下,也难以想象梁惠王会任用孟子了。

魏国继梁惠王而在位的是他的儿子梁襄王,名赫。

梁惠王不管是好战也好,好游也罢,给孟子的印象,至少外表上还像个君王。

而梁襄王,正如孟子与之会见后告诉人们的,远望之下就不像个君王,再到跟前一看,更是毫无君主的威势。

就这么一个让人难以敬畏的国君,还突然间没头没脑地问道:“天下怎样才能达到安定?”

孟子并不反对这样的问题,但出自梁襄王之口,却有些让人啼笑皆非。

以梁襄王的才能,不去问一些更实在的问题,却开口就要安定天下,所以,孟子冷冷回答:“天下统一之后,自然就安定了。”

梁襄王当然觉察不出孟子内心的蔑视,还接着问:“谁能一统天下呢?”言外之意是,像我这样的君王无疑也能统一天下。

这样的问题如果发自秦汉以后的皇帝之口,被问者通常都是全力奉承,顺口就会把梁襄王捧成一统天下的唯一人选。可孟子却是坚持原则的大丈夫,所以,又一次直截了当地回答:“不嗜杀成性的人才能完成统一。”

孟子的答案虽然可以自圆其说,可在当时却难以让人接受。放弃杀伐的国家,恐怕眼前的生存就是问题。

当时的强国都是军事大国。就魏国而言,梁襄王继位之后,西秦南楚,对魏国的军事压力不断加大,根本看不出嗜杀成性有什么坏处。所以,梁襄王不禁反问道:“会有谁追随不嗜杀伐的国君呢?”

对这样的反问,紧盯着现实的人当然难以回答,可孟子却能放眼远望,给人们展示了他的理想境界。

孟子以禾苗的生长规律为例说:“当夏日到来的时候,遇上天旱,禾苗就会枯黄。可是,如果突然风起云涌,甘雨沛然洒下,它们就会勃然而兴。到此时,有什么力量能阻止它们呢?当今之时,领导天下之人的君主没有不嗜杀成性的,这使人民的处境犹如久旱的禾苗。不嗜杀伐的君主就如同甘露一般,难道不正是天下之人伸长了脖子所盼望的吗?一旦不嗜杀的君主出现了,人民的归附就会像水从高处往下奔流一样,汹涌充沛,又有谁能阻挡得了呢?”

与那个时代的多半思想家一样,孟子认为,决定天下走向和命运的是君主而不是普通人,所以才有领导之说。这种思想虽然有一定的历史局限,但孟子真正要表达的绝不是人民的可有可无,而是对君主的严格要求。

一个合格的君主,必须端正其治国方向。

一个合格的大丈夫,必须坚持其道德操守和批判精神。

二、用人不当

在中国古代专制政治体制之下,人治是核心,用人问题自然就是政治成功的关键,也是政治开明的死节所在。

从像孟子这样的胸怀远大政治理想的儒士的角度来看,君主如何用人更是与他们的前途息息相关,所以,在用人问题上与君主的抗争、对君主的批评,是孟子政治思想的重点之一、亮点之一。

在齐国,孟子与齐宣王多有交集。

齐宣王名辟疆,与梁惠王和梁襄王是同一时代的君主。孟子与齐宣王的会面,一般认为发生在与两位魏君会见的同一时期。

魏齐本是邻国,孟子在这两个相邻国家间奔波,推行其政治主张,也是顺理成章之事。

在齐国,孟子还做过客卿,但那只是个荣誉性的职位,有职无权,这显然难以让孟子满意,因此,孟子对于齐宣王的批评自然不会少。

尽管齐宣王对孟子很客气,但这并不能减弱孟子的批评力度。

在某个场合,孟子以他惯用的步步深入的手法先问齐宣王:“假如你有这样一个臣民,把妻子儿女托给朋友照顾,自己到楚国去游仕。可是,等他回来的时候,妻儿老小却处在饥寒交迫之中,他该怎么办呢?”

答案明显不过,跟这样的朋友只能绝交,而齐宣王也得选择这样的答案。

孟子接着问道:“如果有个狱官,管理不好他的下级,又该怎么办呢?”

齐宣王不假思索地说:“撤了他的职。”

然而,齐宣王万万没有想到,他的正确回答却“引火烧身”。

因为孟子接着就问:“假如国家没有治理好,又该怎么办呢?”

毫无疑问,正确的答案是追究国君的责任。

“王顾左右而言他。”①

齐宣王无可奈何,只好左顾右盼,把话茬儿支开,去说别的事情了。

孟子对君主毫不留情的批评,在专制时代恐怕是独一无二的。就是孔子,通常也比孟子更讲究一些策略,特别是在批评君主时言辞比较委婉。

这说明,在孟子时代,政治状况已经恶化到了让孟子这样的正直的知识分子丝毫不能忍受的地步了。

当然,令我们印象深刻的,是孟子面对君主时的不妥协的态度,这是他的大丈夫精神的有机组成部分。

① 《孟子·梁惠王下》。

在用人问题上,孟子不止一次地教训齐宣王。

这一次,孟子说:

“假如你想建造一所大房子,必定要求工匠去寻找巨大的栋梁之材。

“工匠找到了,你就很高兴,希望这样的工匠能够胜任。

“可如果工匠由于技术不精,把大木给砍小了,不能使用了,你就会发怒,就会认为这工匠是不胜任的。

“这就说明,要做好专门的工作,一定得有过硬的专门技术。

“如果有这样一个人,自幼就学习某种专门技术,可是,当他长大学成之后,想运用这门技术去建功成事的时候,君王你却对他说:‘放弃你学会的技术,按着我说的去做事。’结果会是什么样的呢?”

不用说,肯定一事无成。

根据上述原则,假如眼前有一块璞玉,也就是未经雕琢整理的玉石,即使它的潜在价值高得不可估量,可如果不经雕琢,也难以实现这种价值。

所以,再自信的国君也会请玉匠对璞玉进行雕琢,并且不会在旁边指手画脚。

可是,谈到治理国家,国君却对那些有治国才能的政治家说:“姑且把你们的才能放在一边,听我的好了。”

这种做法,与教玉匠如何雕琢又有什么区别呢?

在孟子看来,国君可以通过世袭制掌握一国之大权,可是,在具体的治国之道上却不会有天生的才能,必须经过学习,才有资格治理国家。

与造房和琢玉一样，政治应该是一种职业，政治家应该是有专门才能的人才。

这样的思想明显是想突出像孟子这样的对治国之道有过专门学习和研究的知识分子的地位。但可惜的是，这却是任何专制统治者都难以接受的主张。

不过，在孟子这里，某一位君主是否能够接受这样的主张是一回事，而士人能否在面对君主的时候坚持这一主张是另一回事。特别是在用人的问题上，君主的态度并不能影响孟子的坚定主张。

在这个关键时刻，方能显现大丈夫的见识和勇气。

三、上下失调

在君主专制之下，由君臣关系和君民关系组成的上下关系，无疑也是现实政治中的重大问题。

上下关系的失调，决定了国家的兴衰，民众的祸福。

作为大丈夫精神的有力表达，孟子也并没有无原则地站在臣子和民众的一边，而是站在了道义的一边，因为道义是大丈夫精神的核心所在。

就上下关系而言，经常是同样的历史事件，不同的思想家就有不同的解释，特别是面对不同的政治利益集团时。

早期儒家思想的历史根据之一就是夏商周“三代”的政治辉煌，所以，对于三代的历史事件自然就有独特的解释。

比如，夏朝的末代天子桀和商朝的末代天子纣，因为施行暴政，本人又荒淫无度，就被他们的臣子给取代了。取代桀帝的是商朝的立国之主汤王，据说是把桀帝流放了。取代纣帝的是周文王的儿子周武王，据说是把纣帝逼得自杀了。

在儒者看来，商汤王和周武王的做法是合理的。

与孟子对话的齐宣王，被孟子的雄辩逼得没办法，只好反击，反击的突破口就选择了上述两件事。

儒家不是宣扬忠君吗？那么，臣下以武力取代了君主，不就是弑君吗？

对于宣王的责问，孟子并不慌张。虽然他肯定了历史传记中有这两件事的记述，但是，在区别“弑”与“诛”的问题上，还应该有更高的政治和伦理标准。

在当时的传统观念中，以下杀上叫弑，以上杀下叫诛。

顺着这个思路，再加上传统儒家的政治观念，孟子的结论是：贼害仁义的人叫作贼和残，贼人和残人；这样的贼残之人叫作“一夫”（也称“独夫”），即与政治伦理纲常背道而驰的独行者。

所以，孟子不无幽默地说：“闻诛一夫纣矣，未闻弑君也。”①我只听说诛杀了独夫民贼纣，没听说弑杀了什么国君。

孟子的观点明显具有革命性。

其主旨是，如果国君不称职，臣下就有权力，甚至有义务取而代之以一个称职的国君和政府。这种观点也具有鲜明的政治民主性，在独裁政治下是不受欢迎的。

当然，在那个时代，只有孟子才有这样的见识和勇气。

只有孟子才敢于表达出来，敢于在君主面前表达出来。

这样的胆识，是大丈夫精神的最突出表现，是专制制度下的

---

① 《孟子·梁惠王下》。

社会正义和良心所在。

邹国也称为邾国,是孟子的故乡,鲁国的国中之国。因为它太弱小,早就沦落为鲁国的属国,但相互间也时有不睦。

在某次小规模的武装冲突之后,邹穆公问孟子道:“这一次,我的官吏死了三十多人,而老百姓却作壁上观,一个没死。诛罚他们吧,人数太多;可不闻不问吧,他们眼睁睁地看着在上位者死掉却无人搭救。这怎么办呢?”

邹穆公所说的事,想必孟子听到的和见到的不在少数,因为这是那个时代的政治特征之一。

所以,孟子平心静气地说:“在以前收成不好的年份,你的人民,老弱者饥饿而死,连尸体都无力埋葬,全被扔在了沟壑之中,年轻力壮者则流落四方去逃荒,这样的人快要上千了。这时候,君王你的仓库相当充足,而官吏却不上报,这明显是对百姓的慢待和残害。

“不用说,你怎样对待他人,他人就会怎样对待你。现在,人民终于得着了报复的机会。你可千万不要责怪他们,否则还会有更大的报复。”

孟子的意思是,君主施行仁政,老百姓才会亲近在上位者,并在需要的时候效死力。

同时,孟子也顺便告诫君主,如果以不仁对待百姓,百姓会还以更大的不仁。

同样是要求人民为国出力,与暴虐的驱使相比,仁政的手段不能不说是一种进步;而从知恩图报的角度来看,即使施行仁政确实是一种手段,也不失为一种相对文明的手段。

君民呼应,应该是合理的政治样态,所以,邹国发生的事情,确实让人遗憾。

不过，令人印象深刻的，是孟子对于事态原因的看法。他没有责怪百姓，而是批评了各级官吏，但我们知道，其真正目的，是批评君主。

这是孟子一贯的政治态度。

与邹穆公一样，另一个小国之君滕文公对孟子也是相当恭敬，但孟子的批评照样来得相当猛烈。

滕国也是西周的封国之一，始祖是文王之子错叔绣。

周朝起初的封国大小差别并不大，只是在后来不断的侵蚀兼并中才有了大国与小国的距离。

到孟子时代，滕国已经小得微不足道，以至于周围的大国都不屑于因为吞并这样的一个小国而受人指责。

尽管如此，滕国日子仍然不好过。暂时不灭亡你并不妨碍成天欺负你。

当孟子来访时，在位的滕文公忧心忡忡地请教孟子："我的国家处在齐国和楚国这两个大国之间，到底事奉哪个大国才合适呢？"

这问题确实难以回答。连国君都不知所措，局外人能有什么立竿见影的主意呢？

孟子就老老实实地说："这不是我能回答得了的问题。不过，既然问到了，我也得给你出个不得已的主意。"

孟子的主意是，把护城河挖得深深的，城墙修得牢牢的，跟自己的老百姓同心协力地把守好它。如果你能善待人民，人民不离开你，愿意为你效死力，这就有办法对付了。

"效死而民弗去,则是可为也。"①

孟子之所以说拿不出主意,一是职责所限,二是身份所在。不是这个国家的官员,当然不能说出具体的措施;而作为思想家,也只能从大处着手出谋划策。

至于孟子不得不拿出的主意本身,还是贯彻了以民为主的思想。

国家的存在与否,从终极的意义上来说决定于人民。如果不能得到人民的拥护,即使大国不来吞并,也会自行灭亡。

这就说明,在滕国,百姓并没有得到应有的待遇。

如此这般的批评,对于那种积极谋求治理国家的君主来说,还是比较有分量的。

由此可见,孟子的政治批判确实是真刀真枪,毫不留情的。

不久之后,滕文公又来请教孟子说:"齐国人就要加固薛地的城池,我非常害怕。您看我怎么应对才好啊!"

这说的是,就在孟子逗留滕国期间,齐国人准备在薛地更大规模地修筑城池。

薛地本来也是周朝的封国,后被齐国所灭。薛地紧挨着滕国,齐国在这里加强军事活动至少有两种可能:一是更加严厉地压迫滕国,二是准备与其他邻近的国家开战,从而殃及滕国。

滕文公这才非常害怕,就请孟子给出个主意。

孟子说:"想当年,周太王创业之初先占据了豳地。狄人来侵犯,太王就率领族人到岐山之下定居。这就说明,如果你一心一意地从善,即使自己不行,后世的子孙也会有称王的。

① 《孟子·梁惠王上》。

“君子创立功业，传给后人，为的是让子孙们能够一代代地承继下去。至于自己能否成功，就要看天意了。

“你管他齐人做什么呢？自己努力行善就够了。”

谋事在人，成事在天。

一个人只能决定自己的努力程度，至于最后的成功，则要靠许多相关条件。

所谓天意，并不是说坐等天上掉馅饼，而是说有许多成功的因素是个人把握不了的。

你既然尽了力，在暂时未获成功时也不必一味地怨天尤人，而是要更加努力地把事业继续下去。

对于危机迫在眉睫的滕文公来说，孟子的主意可能是远水不解近渴。

眼前的存亡都是问题，怎能寄希望于子孙后代的成功呢？

可是，眼前之所以出现存亡问题，正是由于当初的懈怠。

所以，孟子的观点之中，还是贯彻了对君主的严厉批评。

在国家的上下关系中，民众的取向和利益是最重要的，传统上称之为“民心”。

民心所向，构成了孟子政治学说的基础。

正是在这样的思想基础上，孟子提出了他的最具革命性的主张。

“民为贵，社稷次之，君为轻。”①

这是说：“一个国家，人民是最重要的，社稷是次重要的，君主是最不重要的。”

---

① 《孟子·尽心下》。

理由是:“得到人民的拥护才可以做天子,得到天子的信任可以做诸侯,得到诸侯的信任只能做大夫。诸侯的行为危及了国家安定,就应该换掉他。如果祭礼举行得合礼合法,国家还要遭受旱灾和水患,就要变更社稷。”

天下再重要的东西都可以更换,就是人民的利益不能变更。

“社稷”是指土地神和谷神或祭礼这些神灵的地方,在当时也象征着国家权力。不过,孟子在此所说的“变更社稷”并不是改变政权,而是改变治国的方式和态度。

尽管限于时代,民众无法决定自己的利益,但孟子的观点还是具有十足的震撼力。

明太祖朱元璋之所以不承认孟子的“亚圣”地位,并把孟子从孔庙中撤出,就是因为孟子提出了“民为贵,君为轻”的革命性主张。

孟子的这一主张,在中国古代是独一无二的。

提出这样的主张,不仅需要有见识,更需要有胆识。

在孟子身上,则表现的是大丈夫的勇气。

四、穷兵黩武

孟子生活在战国中期,当时的社会虽然尚未进入最惨烈的统一天下的战争年代,但各国也都是磨刀霍霍,小规模的战争时有发生,人民的生活多受影响。

对于各国统治者无视民众利益,一切为了战争的做法,孟子深恶痛绝,并提出激烈的反对主张。

在魏国，孟子对于梁惠王的穷兵黩武政治就提出了严厉批评。

孟子断定梁惠王是缺乏仁爱的，因为仁者是把对所爱之人的爱扩展到不爱者那里，而不仁者是把对不爱者的不爱扩展到了所爱者那里。

因为想得到土地、扩大疆域，梁惠王就残害人民，把他们推入战争之中，结果吃了大败仗。后来想报仇，又怕不能取胜，就把他所爱的亲戚子弟驱赶到战场上送了命。

孟子的这种推论虽然有些简单化和书生气，但是，表达在其中的批判精神还是相当锐利的。

在有关战争的问题上，孟子抨击了他那个时代的某些大臣，因为这些大臣有两种具有代表性的观点。

一种观点是，我能替君主开辟土地，充实钱粮储备；

另一种是，我能替君主与他国订立盟约，每战必胜。

孟子说："如果君主不向往大道，不立志求仁，那么，替君主致富，就等于是替暴君桀王致富；替君主强力作战，就等于是辅助桀王。"

孟子不无嘲讽地说："顺着现在的道路走下去，根本改变不了当今的社会风气。这样一来，即使把天下给了他，他也坐不了一天。"

治国要治本，不要只想着急功近利地治标，更不能想着以穷兵黩武的手段获得利益。

鲁国准备跟齐国开仗，任命慎滑厘为将军。

孟子不同意，就发表议论说："让没有受过教育的百姓去打仗,就等于是害了他们。害民之人,如果是在尧舜时代,是不会被容忍的,更不用说被重用了。即使是打一仗就战胜了齐国,也算不了什么。"

慎滑厘大概是积极鼓吹对齐国开战的,这才声称对孟子的观点不太理解。

既然理解不了,孟子就当面对他说:"那就让我明确告诉你吧!"

孟子认为,按照周礼,天子的土地方圆千里,为的是接待述职的诸侯。诸侯的封地方圆百里,为的是守护好祖庙和国家的文献。周公旦的封地鲁国方圆百里,并不是因为当时天下的土地不够,而是不能超过百里;姜太公被封在齐国,也是同样的情形。

孟子反问道:"现在的鲁国面积足有五百里,在你慎滑厘看来,如果有王者兴起,鲁国的土地是应该减少呢,还是应该再增加呢?不用动武,白白地把人家的土地拿来,仁者也不愿意去做,况且还是通过杀人去夺取呢?"

所以,孟子的结论是:"君子之事君也,务引其君以当道,志于仁而已。"①君子事君主,只能引导君主走正道,立志于仁罢了。

这就是说,在孟子看来,慎滑厘的主战,不仅是助长君主的过失,而且还逢迎了君主的恶行,应该是诸侯眼里的罪人。

孟子认为,如果有人声称"我善于排兵布阵,我善于指挥作战",这是天下最大的罪行。

---

① 《孟子·告子下》。

如果国君喜好仁义，就会天下无敌。

想当年，周武王征伐商纣王的时候，遍告天下说："不用害怕！我是来安定你们的，而不是与百姓为敌的。"

这下可好，四面八方的人都叩头稽首，表示完全同意，那声势犹如山崩地裂一般。

商纣王失去了人心，周武王则乘势以仁号召天下，天下人群起响应，这才很快瓦解了纣王的统治基础。

孟子并不是泛泛地反对战争，而是反对为了掠夺而发动的不义之战。

所以，孟子断言："春秋无义战。彼善于此，则有之矣。征者，上伐下也，敌国不相征也。"①

春秋时期的战争没有一场是正义的，有的只是各国诸侯间善与不善的程度差别而已。

这是因为，诸侯们发动战争的理由是征讨对方，但是，根据周礼，所谓征讨，是指在上位者对在下位者而言的。但是，各诸侯国在政治上是势均力敌、平起平坐的，根本谈不上什么征讨不征讨。

义者，宜也。

孟子在此所说的义与不义，乍听之下是以周礼为标准的，但他真正想要表达的，还是认为诸侯之间的战争是自私的，对社会和民众都是有害的。

孟子强调春秋无义战，就是要提醒当时的各国君主不要随意发动战争，而是要把战争与大义联系起来，与称王于天下、造福于民众联系起来。

---

① 《孟子·尽心下》。

出于对战争的彻底反对，孟子甚至对于传统儒家所遵奉的经典也提出了批评。

与孔子一样，孟子也赞成古为今用。

孟子认为，仁者无敌于天下，而周朝战胜商朝正是至高无上的仁者讨伐无以复加的不仁者。这个过程自然少不了武力，但并不是纯粹为杀人而动武。

可是，孟子从《尚书·武成》的记载中看到，在武王讨伐纣王的战争里，死者的鲜血流成河，把兵器（杵）都冲走了，即所谓的"血之流杵"。

"血之流杵"的说法，本意是宣扬周武王的武功，但在孟子看来，这种记载不符合仁者的精神。所以，孟子就说："尽信《书》，则不如无《书》。"[①]如果过分迷信经典著作中的记载，还不如不去读它们。

为此，孟子表示，对于像《武成》中的记载，他只相信其中的二三成。

尽管"血之流杵"的说法显然是形容那场战争的惨烈程度，而不是炫耀仁者喜欢战争的血腥，但从孟子所持有的批判精神看去，这种记载的负面效应也是很明显的。

一般印象中，孟子的大丈夫精神是异常刚强的，而战争则是最刚强的表现。

但是，大丈夫的刚强，对于个人而言，是表现在精神上，而不是肉体上的，对于国家而言，则是表现在德治上，而不是表现在武备上。

---

① 《孟子·尽心下》。

更重要的是，无论何种程度、何种形式的刚强，大丈夫是以道义为核心。所以，孟子并不是片面反战，而是支持“义战”，反对不义之战。

五、享乐无度

儒家主张入世，也主张正当而适度的享乐。

孟子与梁惠王有过多次会面，探讨了不少问题，包括为什么享乐、如何享乐，等等。

这一次，当孟子来到时，梁惠王正在池塘边欣赏鸿雁的起落，麋鹿的欢跳，十分悠闲自在。

在外人看来，儒家人物通常都很古板，一门心思讲仁义，不食人间烟火，所以，梁惠王就问孟子：“贤者也喜欢这样的娱乐吗?”显然有故意找碴儿的意味。

但孟子早有准备，直截了当地回答：“只有真正的贤者，才有资格这样娱乐；而不贤之人，即使有了这种条件，也享受不了。”孟子是古文化大师，接着诵读了《诗·大雅·灵台》这首诗，给自己的观点作证。

经始灵台，经之营之。庶民攻之，不日成之。
经始勿亟，庶民子来。王在灵囿，麀鹿攸伏。
麀鹿濯濯，白鸟翯翯。王在灵沼，于牣鱼跃。

《灵台》诗的大意是：

当君王决定建筑灵台时，人民十分卖力，没过多久就建成了。

在营建过程中，君王一再劝人们不要太急，人民反而扶老携幼地赶来劳动。

君王还建成了灵囿，当他来游览时，看到母鹿静静地卧在那里，身体肥美光滑，各种鸟类羽毛光亮，似乎是欢迎君王的到来。

君王还建有灵沼，里面养着各种鱼类。当君王到来时，鱼儿们也是欢喜跳跃。

孟子信心十足地说："因为周文王是真正的贤者，所以，尽管他为了享乐而役使民力，人民还是兴高采烈地接受了，还给这样的娱乐场所起了好听的名字，祝愿文王得到最好的娱乐。"

这是为什么呢？孟子的结论是，因为上古时的贤王能"与民偕乐"①，所以才得到了实在的享乐。此所谓与民同乐，是指普通人也能进入君主的娱乐场所。

如果像梁惠王这样，自己在池塘边观赏美景，却不断役使人民上战场拼命，就不是贤者的享乐。

正如《尚书·汤誓》上记载的，夏朝末年，百姓十分痛恨桀王的暴虐统治，以至于当夏桀把自己比作太阳时，百姓竟然发出怨歌道："时日曷丧，予及汝偕亡。"

这个太阳为什么不赶快消亡，我们宁愿跟你同归于尽。

一个人民要与之同归于尽的君王，即使有再好的娱乐场所，又岂能独自消遣于其中！

孟子的这一观点虽然充满了理想色彩，但其中表现出的社会批判精神却非常坚强有力。

在那样的战乱年代，当普通人的生命难以得到重视的时候，

---

① 《孟子·梁惠王上》。

孟子的选择是直面现实。

即使是面对梁惠王这样的显然对儒家心怀敌意的君主，孟子也是毫无惧色，有意无意地拿他跟暴君夏桀相比较。

这是孟学尤其在知识分子中间大受欢迎的重要原因！

于是乎，孟子真乃大丈夫也！

与孔子当年的周游列国相同，孟子每到一国，除与君主对话外，与大臣们也有程度不同的交往。

齐国大臣庄暴来见孟子，说是齐宣王曾对他说自己喜好音乐。

对于齐宣王的这一嗜好，庄暴不好加以评论，就来请教孟子。

当时的许多思想家，对于种种与实际生产无关的享乐，都一概持反对态度，比如孟子之前的墨子和之后的韩非子。

但是，儒家对此一般是持有审慎的肯定态度。

孔子认为，只要是格调健康的音乐，可以有节制地享受。

孟子进而认为，只要享受的方式正确，就可以提倡。

所以，对于从庄暴之处听来的齐宣王好乐，孟子马上做出积极反应，认为齐国会因此而得到大治。

孟子之所以会有这种反应，主要是因为与极端主义的“非乐”相比，好乐更近乎人之常情，更容易通过教育使其归于正道。

既然好乐者更易于规劝，孟子便在几天之后与齐宣王的一次交谈中提到了这件事。

此时的齐宣王大概并不了解孟子对享乐的基本态度，以为大讲道德的孟老先生要对他的好乐提出批评，所以马上就变了脸色，很不好意思地承认，自己喜好的不是儒家推崇的先王之乐，而是世俗的流行音乐。

所谓先王之乐，大抵是孔子强调的传说中的尧舜时代的所谓雅乐。这种雅乐为周礼所肯定，其特点是配器简单、庄严肃穆；而世俗音乐则如孔子批评的"郑声"[①]一样，以强烈的节奏和多变的音调追求感官的极度刺激、情绪的极度宣泄。

可是，孟子并不在乎喜好什么音乐，而是重视以什么态度去享受，这种观点虽然也能说得过去，但与孔子的看法就不尽相同了。

对孟子的明显宽容的观点，齐宣王还是没弄明白，所以就请孟子详细说一说，这一请求正中孟子之下怀。

于是，孟子首先反问齐宣王："独自一人享乐好呢，还是与别人一同享乐好？与少数人享乐好呢，还是与尽量多的人一同享乐好？"

齐宣王的回答肯定了后者，这使得孟子更能够完全展开他的享乐之论了。

孟子假设了两种情形。

在第一种情形里，君王享乐的时候，听音乐也好，打猎也罢，老百姓都是一个劲儿地摇头皱眉，发出怨言说："我们的君王喜好享乐，而我们却悲苦至极。四处服劳役，为生存奔波。父子终年不得相见，兄弟妻儿八方离散。"这就说明君主未能与民同乐。

可是，在第二种情形里，因为君主能与民同乐，所以，君主享乐之时，人民就会喜形于色，高高兴兴地说："我们的君王身体

① 《论语·卫灵公十五》《论语·阳货十七》。

一定很好，所以才有精力享乐。”

这样一来，“与民同乐”“与民偕乐”的结果，不就是能够以德服天下，做天下之王了吗？

在这样的对话过程中，孟子虽然没有对齐宣王的“独乐”提出正面批评，但还是对于君主的个人享乐提出了明确的要求，而这样的要求，在那个时代的士人之中是很少看到的。至于后世，则更是难以想象的了。

仍然是齐宣王，认为既然孟子肯定了君主可以享受音乐之快乐，那么，“根据古书传记中的说法，周文王用以游乐的囿园方圆七十里。但在民众看来这并不算大，相反，还觉得有点儿太小。真的有这样的事情吗？”

看来，齐宣王也有自己的游乐之园，并且因此而受到人们的议论。

孟子在齐国日久，不可能不知道齐宣王的游乐之园。

孟子对齐宣王了解颇多，也不可能不知道齐宣王心中的“小九九”。

所以，孟子马上提出了针对性很强的解释。

孟子说：“这不难理解啊。文王的囿园虽然很大，但是，打草拾柴的可以进去，打鸟捕兔的也可以进去。就这样，因为与民众共同使用，民众才觉得太小了。”

可是在齐国，孟子说：“我来到你们的国境线上，首先得打听清楚有什么禁地，然后才敢进入。你的园子设在城郊，据说杀死里面的禽兽与杀人是一样的罪过。那么，虽然是小小的四十里，却好像是国中的陷阱一般。人民都抱怨说它太大，难道不是很正常的吗？”

孟子以“与民同之”[①]为标准，对齐宣王无度的个人享乐提出严厉批评。

虽然没有严厉的措辞，但内含的批判之意却汹涌如巨浪。

在另外一个场合，这样的巨浪再次掀起。

雪宫是齐王的离宫、别墅。雪宫之得名，或者是专门为过冬而建，或者是其颜色以白色调为主。

大概因为此宫极尽奢华，齐宣王在雪宫会见孟子时才问道：“贤者也应该有如此这般的享乐吗？”

孟子的回答分为若干层次。

首先，孟子认为，贤人当然也应该拥有这样的享乐。

其次，如果他们得不到，有时就会指责在位者。当然，因为得不到而指责在位者，是不对的，可是，作为民众的首脑而不能与民同乐，也是不对的。

重点在于，“乐民之乐者，民亦乐其乐；忧民之忧者，民亦忧其忧”。以人民的快乐为自己的快乐，人民就会把在位者的享乐视为自己的享乐；忧虑人民所忧虑的，人民也会为在位者分忧。

结论就是：“乐以天下，忧以天下，然而不王者，未之有也。”[②]以天下之乐为乐，以天下之忧为忧，这样的君主，我不相信他不会称王天下。

孟子的“乐”与“忧”的思想，对中国古代知识分子的政治观影响巨大。

宋代范仲淹著名的“以天下之忧为忧，以天下之乐为乐”的

① 《孟子·梁惠王下》。

② 《孟子·梁惠王下》。

名言显然是孟子思想的翻版。

孟子为齐宣王回顾了齐国的一段旧事。春秋时代的齐景公,任用著名的政治家晏婴,君臣二人有过一段了不起的政治辉煌。

齐景公曾问晏婴:“我想到转附和朝儛一带游历,然后沿海岸南下,到达琅琊山旁。这曾是先王巡游的路线,我怎样努力,才能实现呢?”

晏子回答说:“这真是太好的问题了。根据周礼,天子到诸侯的封国叫巡狩,意思是巡视诸侯对封地守护得如何。而诸侯去朝觐天子叫述职,意思是汇报本职工作。显然,无论是巡狩还是述职,无不与工作有关。春天的出行,是巡视耕种情况,对青黄不接的穷人予以补助;秋天则是察看收获情况,对歉收的农户予以补助。

“可现在就不是这样的了。君主一旦出游,就四处征敛,饥饿者根本得不到补助,劳作者更难以得到休息。对此,百姓无不侧目而视,议论纷纷,以至于铤而走险,胡作非为。这样的出游违背天命、贼害百姓、流连荒亡,就连诸侯也很发愁。”

齐景公与孔子是同时代的人,他虽然未能接受孔子的主张,但从任用晏婴的做法上来看,还不是个昏庸无度的君主。

果然,齐景公听了晏婴的介绍和告诫后,马上就效仿起了先王。

齐景公先在城内做好准备,然后出发驻扎在郊外,对穷苦百姓进行了补助救济,又召来乐师,让他们作一些君臣同乐的歌乐。

这又一次说明,孟子所谓的君臣同乐的思想重在同乐的实质，不在同乐的形式。

儒家承认合理的社会等级。然而，人民只有安居乐业，君主的享乐才是可以接受的。

这当真是一种大丈夫的情怀。没有个人恩怨，只存公义。

在对齐宣王进行了无情的批评之后，孟子有破有立，很认真地从正面告诉齐宣王应该如何做一个合格的君主。

如何与邻国交往，是战国之际关乎国家生存的重大难题。

谈话之间，齐宣王就与邻国相往还的原则请教孟子。

国家有大有小，但能否生存，很大程度上与大小的关系并不大。

孟子告诉宣王，只有仁者能以大国事奉小国，只有智者才能做到以小国事奉大国。

以大国事奉小国，是顺应时势的乐天知命者的表现；以小国事奉大国，则是敬畏天命的表现。而这种表现足以使仁者安定天下，做天下之王。前者能够保有天下，后者也足以保有一国。

很显然，言外之意是，齐宣王一项也做不到。

孟子所说之理，以齐宣王的才识当然无可辩驳。但他根本不打算照此而行，所以就找借口说："我有个坏毛病，就是喜好勇力。"

然而，孟子却不是那种轻易撒手的人。根据他的辩证法，任何事物都有多面性，关键在于如何引导和利用积极的一面。

勇有大小之分。

所谓小勇，就是手按刀剑，瞪着眼睛叫嚣："看谁敢挡我的道！"这是缺乏修养的匹夫之勇，只能在单打独斗时敌得住一个人，根本不值得一国之主去效仿。

所谓大勇，就如同周文王和周武王之勇，一怒而除掉了暴君，去纣灭商，安定了天下之民。

这样的大勇，人民欢迎都来不及，又怎能说是一种毛病呢？

就在破立之间，孟子既坚持了自己的原则，又对君主提出了最严厉的要求，这种大无畏确实是顶天立地的大丈夫精神的内涵。

因为喜好勇力的毛病被孟子严厉驳斥，齐宣王又找到了其他借口。

齐宣王说："我有个难以克服的毛病，就是特别爱财。"

然而，根据孟子的政治辩证法，爱财并不可怕，关键是如何爱。

孟子举例说："想当年，周朝的先祖之一公刘就很爱财。人民有了足够的积存，军队有了充足的军粮，才可以出发打胜仗。所以，君王爱财不要紧，能与百姓分享，就不会有问题。"

尽管孟子说得非常上劲儿，还是引不起宣王的兴趣。

好财的理由不行了，宣王又说自己还有好色的毛病。

孟子马上又堵截道："想当年，周人的另一位先人太王也很喜好女色。《诗·大雅·绵》记载说，古公亶父，清晨就骑马出发，沿着岸边行走，来到岐山之下，还带着妻子姜氏进行视察。

"之所以带着妻子，想必是察看人民的婚姻状况。所以，在那时，既没有嫁不出去的女子，也没有娶不上妻子的男子。君王的好色，如果能与百姓分享，也没有什么问题呀！"

孟子的话虽然有些狡辩和牵强的味道，但其主旨还是相当明确的。

那就是，无论君主做什么、怎么做，只要能考虑到人民的利益就是合理的。

遗憾的是,天下的君主最不能忍受的就是与百姓分享,因为他们的贪求是无止境的。

既然这是问题的关键所在,孟子就不能不做出积极的政治回应。

所以,大丈夫就要挺身而出,以道义为主干,鞭挞黑暗,指示光明,使大丈夫精神一直支撑着古代社会的核心价值。

第三章　对时政和时人的批判

孟子的大丈夫精神,在个人的实际表现层面,一是自由坚持道义,二是对一切不合道义的人和事进行严厉批判。

孟子的如此坚持,对于儒学内部勇敢担当社会责任风气的形成有着不可替代的推动作用。

在古代知识分子阶层中,大丈夫精神就是社会批判精神。

在孟子的批判矛头中,除了君主,就是大臣和各级官员。

此外,对于身边的人,特别是他的弟子,孟子的严厉批判也是说到做到。

当我们认真思索孟子的这种批判精神时,不禁想起孔子的教诲。

> 君子易事而难说也。说之不以道,不说也;及其使人也,器之。
>
> 小人难事而易说也。说之虽不以道,说也;及其使人也,求备焉。[1]

---

① 《论语·子路十三》。

意思是：君子易于共事却难于取悦。不以道义取悦，便不会喜悦；但是，到了他们真正用人的时候，却是量才而用。小人与之相反，易于取悦而难于共事。虽然取悦的方式不合道义，也会因之而喜悦；而到了用人的时候，却是求全责备。

这其实是对大丈夫的批判精神的最全面的哲学解释，只不过孔子用的是“君子”，孟子用的是“大丈夫”。

一、批评从政者

在孟子的游仕生涯中，除了与各国君主的往还之外，更多地还与各级官员有过深入的交往和交流。

当时虽然是君主专制的政治体制，但由于各国之间竞争激烈，各国内部的各种政治力量错综复杂，君主的权力多受制约，大臣们的作用比较突显。

在此形势下，大臣及各级官员的作用不可不被重视。特别是各国的权臣和主政者，更是一国政治的重要因素。

孟子要想获得真正的从政机会，掌握他所希冀的政治权力，必须处理好与各国当政者的关系。

在《孟子》中，记载了很多孟子与各国各级官员的多方面的交往。

不幸的是，在当时的政治气候下，往往是有什么样的君主，就有什么样的大臣。

孟子有多少对君主的批判，就有多少对其下官员的批判。

孟子来到齐国的平陆，对当地的行政长官孔距心说："如果你的一个卫士，一天之内三次失职，你会把他给开除吗？"孔距心回答说："哪儿还能等他有三次呢？"

孟子接着说："可是，你的失职之处也不少啊！年景不好的时候，你管辖的百姓，年老体弱者抛尸于山沟之中，年轻力壮的四处逃荒，差不多有上千人之多。"

虽然孟子善于以言语的技巧引人上钩，但孔距心此时可并不在意，径直回答说："这是我无能为力的。"

对如此不负责任的说法，孟子当然不能满意，接着说："假如有这样一个人，受委托给人家去放牧牛、羊，就一定要找到牧场和牧草。如果没有找到，他是把牛、羊还给人家呢，还是眼睁睁地看着牛羊饿死呢？"意思是说，不称职的官员应该辞职。

说到此，孔距心终于承认失职，自认有罪①。

在孟子所处的战国时代，只要不去实际参与当地的政治阴谋，外来的贤士通常都会受到十分的尊重，因为各国在彼此的综合竞争中都需要人才，不想轻易得到拒绝人才的恶名。所以，只要批评得有道理，各国当政者至少都会当面接受。

但是，像孟子这样劈头盖脸地批评当政者的情况，着实也不多见。

这既需要有政治智慧，更需要有政治勇气。

这样的政治勇气，就是孟子的大丈夫气概。

孟子确实需要政治机会，但这样的机会不是来自怜悯般的赐予，而是产生于以道义为基础的大丈夫的应有获得。

---

① 《孟子·公孙丑下》："此则距心之罪也。"

孟子对齐国的另一位名叫蚳蛙的官员说："你辞掉了灵丘这个地方的官长之职，请求做了都城的狱官，看上去很有道理，因为这可以更方便向齐王进言。可是，几个月过去了，你还没有进言吧？"

孟子所说，可能就是蚳蛙当初请求做狱官时的理由，所以，听了孟子的责问，蚳蛙只好去实践自己的诺言，没想到齐王根本不听。

蚳蛙大概觉得实在没面子，只好把为臣的地位还给齐王，辞职而去。

但是，事情并未就此结束。有一些齐国人觉得蚳蛙的结局有点委屈，就开始说风凉话了："孟子给蚳蛙出的主意倒不错，可他自己是怎么做的呢？我们还不知道。"意思是说，孟子给齐王的进言更多，但也从未被采纳过，而孟子却还要留在齐国。

弟子公都子把这种风凉话告诉了孟子，孟子马上反驳道："我听说过：有官位的如果不能尽职尽责，就应该离开那个职位；有进言之责的，如果进谏之言不能被接受，也应该辞职。可我就不同了，既没有官职，也没有进言之责，岂不是绰绰有余，任由我言说吗？"

孟子的这番"绰绰有余"①的话，与其说是自我解嘲，不如说是对现实政治的无情批判。

孔子也说过："不在其位，不谋其政。"②但不幸的是，在其位的人并不能尽心尽力地谋划好自己的职责。这就使得像孔子这样的忧国忧民者不得不时常发出沉重的叹息。

不过，到了孟子这里，就不能再忍受一味地叹息了。

---

① 《孟子·公孙丑下》："岂不绰绰然有余裕哉？"

② 《论语·泰伯第八》

孟子要公开反击,要表现其大丈夫的气概。

孟子在做齐国客卿的时候,传来了滕文公去世的消息。

滕国虽然是小国,但滕文公在当时却以有仁德而著称,作为邻国的齐国不得不派人去吊丧。

谁去合适呢?

孟子与滕文公有交情,齐王就想到了孟子。孟子去吊丧,既不失体面,也不失大国的架子。

只是,齐王派孟子去也只是个表面文章,因为又委派了大夫王欢做副手,实际负责吊丧活动。

孟子何尝不知道呢?但为了与滕文公的交情,只好担起这个空名。所以,尽管王欢早晚都来见礼,可是,在来回于齐滕两国的路上,孟子始终没有跟他谈及吊丧之事。

弟子公孙丑没有看出内情,就非常不理解地问:“您是齐国的上卿,论地位也不低了;齐滕之间的路程,也不算很近。可一来一回这么多时间,您也没跟人家说过公事,这是为什么呢?”

孟子直截了当地回答说:“他既然自作主张地做了一切,我还能说什么呢?”

作为大夫的王欢既然敢在客卿面前独断专行,说明齐王对他有了交代,而孟子的卿位说到底也只是个摆设。

在专制体制下,职位与权力有时并不对等,因为与君主关系的远近更为重要。

在这样的问题面前,孟子是勇于面对的。

大丈夫最起码的修养就是实事求是,不迁就别人,也不纵容自己。

大丈夫也不会去做勉强自己的事情。特别是在政治领域,只有在能够有所作为的地方,大丈夫才会施展才能,否则,不仅难以做成事情,还会影响他人,甚至影响百姓的生存。

孟子与齐国政客王欢(子敖)的交锋已有多次。

这一次说的是,另一位齐国大夫公行子的儿子死了,举办丧事,担任右师之职的子敖来吊唁。

想必右师的地位不低,再加上子敖又是齐王跟前的红人,所以,从他进门,一直到坐在自己的位置上,都有人过来主动跟他搭言,唯独孟子没有跟他说话。

子敖有点挂不住脸了,就冲着孟子不高兴地说:“大家都跟我打招呼,唯独你孟先生不理我,这明显是简慢我,不把我放在眼里。”

不想孟子早有准备,马上回答说:“根据礼仪,在朝廷之上不应该隔着人跟别人说话,也不能越过阶位揖让行礼。我只是想着遵守礼仪,而你却说我傲慢无礼,真是太奇怪了!”

孟子此时是齐国的客卿,所以才跟子敖以朝廷之礼相对答。

说实话,在丧礼之上,是否应该遵守朝廷之礼本是两可之事,可就因为孟子对子敖有看法,才故意以冠冕堂皇的理由跟他唱对台戏。

可见,孟子既具有政治胆略,也不乏政治智慧。

所谓大丈夫的政治抗争,既要坚持原则,也要注意方式方法。

但是,在现实之中,如此以礼待人,尤其是面对小人,肯定会结下更难解的仇怨。

不过,孟子并不惧怕这些,大丈夫更不惧怕这些。

大丈夫直道而行。

孟子在齐国时,齐国曾经趁着燕国内乱之际,发兵占领了燕国。

但诸侯国不能坐视齐国扩展地盘,就支持公子职为燕王,是为燕昭王。这一举动,在齐国看来就等于是叛乱。

在此形势下,齐国眼看已经控制不了燕国的形势,齐宣王就觉得有些愧对孟子,因为孟子并不赞成无条件地灭亡燕国。

然而,大夫陈贾却说:“大王不必担心。大王以为,您跟周公相比,谁在仁和智这两方面更胜一筹呢?”

齐王一听,非常惊讶地说:“哎哟,这说的是什么话呢!”意思是说,自己不敢跟周公旦相比。

那么,陈贾为什么这么说呢?原来,当年周武王去世后,长子周成王继位。成王年幼,由叔父周公旦担任监国。周公让兄长管叔监管商朝亡国后的遗民,而管叔却带领着这些遗民举行叛乱,表示对周公当政的不满。

在陈贾看来,对于管叔,如果周公明知他要叛乱,却还让他监管本来就不服输的商朝遗民,显然是缺乏仁爱的表现;如果根本不知道,那就是缺乏智慧和洞察力的表现。仁与智,周公还做不到,更何况是齐宣王呢?所以,陈贾劝齐王不要担心,由他自己去见孟子解释清楚。

陈贾开门见山地问孟子:“周公是个怎么样的人?”

孟子回答:“古代的一位圣人。”

陈贾接着问了管叔的事,孟子也做了肯定的回答。

陈贾自以为得计,就顺势问道:“周公在委派管叔之前知道他会叛乱吗?”

孟子答道:“当然不会。”

陈贾就此得出结论说:“圣人也是会犯错误的吧?”

孟子听到此,才明白了陈贾的来意。

为了彻底批判齐王君臣的知错不改,孟子就利用他的辩说才能,把这个问题做了一番深入的剖析。

孟子说:“周公是弟,管叔是兄,弟弟怎能认为哥哥会叛乱呢?所以,周公的过错,是符合情理的。

“再说了,古代有修养的君子,有了过错,马上会认识到,并及时改正;可今天的所谓君子呢,只会一错再错,不知改悔。

“古代君子的过错,如同日食和月食一样,从不掩饰自己,使人们都能看得见;而到了改正的时候,也如同日月之食的复原一样,是人们一直翘首盼望的。

“可是,当今的君子,不仅厚着脸皮一错再错,还要寻找种种借口为自己开脱责任。”①

孟子在此阐述的思想,明显是对孔子思想的继承。孔子弟子子贡就曾用日月之食的过程形容过孔子光明磊落的一生。②

至于对过错的认识,孔子的著名论断是“过而不改,是谓过矣”③。要紧不是犯错误,而是知错不改;犯错误是任何人都难以避免的,但知错即改却是有修养的君子才能达到的高度。

孟子在此表面上是说君子,实际上是在讥讽齐国君臣的缺乏修养。

对于齐国的这位陈贾,尽管孟子没有当面指责他的不是,但这种隐喻式的批判其实是更深沉、更持久的。

---

① 《孟子·公孙丑下》:“今之君子,岂徒顺之,又从为之辞。”

② 《论语·子张十九》:“君子之过也,如日月之食焉:过也,人皆见之;更也,人皆仰之。”

③ 《论语·卫灵公十五》。

还是在齐国,大将匡章征求孟子的意见说:“您看陈仲子这个人,难道不是个确确实实的廉洁之士吗?”

陈仲子出身于齐国的一个世家大族,这个大家庭世代享受国家的俸禄。

他的兄长陈戴,在盖地的禄田收入超过万钟。可是,陈仲子认为兄长的俸禄是不义之财,从不食用;认为兄长的宅室为不义之室,从不居住。

于是,陈仲子就避兄离母,住在了于陵。

匡章认为,陈仲子坚持原则,保持廉洁,所以才独居于陵。

根据匡章的描述,陈仲子在于陵的居住地远离城市,本是蛮荒之地。陈仲子住在这里,有时会好几天不吃东西,直到饿得耳朵听不见,眼睛看不见。

看见井台上有个李子,已经被金龟子的幼虫咬掉大半,饿极了的陈仲子还是爬过去给吃掉了,这才能听能看了,不然就真的会被饿死。

匡章也被认为是孟子弟子,可能是孟子在齐国期间,通过类似本章这样的思想交流,身为将军的匡章最终投到孟子门下。

不管怎么说,孟子对匡章的回答还是相当细致的。

孟子说:“在齐国的士人中,我一定是要对陈仲子竖大拇指的。但他那样做,就能算得了是廉洁之士了吗?”

根据匡章所述,孟子提出的反对理由是,如果把陈仲子的行为大加推广,人只有变成蚯蚓才可能做得到。看那蚯蚓,在地面上就吃泥土,钻到地里就喝泉水,对人间财富一无所求。可是,陈仲子连这一点都做不到。

比如说,陈仲子居住的房子,是伯夷盖的呢,还是盗跖所建?

他吃的粮食,是伯夷种的呢,还是盗跖所收?这些原则问题还没弄清,怎么就能下结论呢?

伯夷是商末周初有名的义士,盗跖则是春秋末期鲁国有名的大盗,当时的人们习惯上将此二人对举,以明善恶。

匡章显然没听明白孟子的意思,就接着说:“这又有什么关系呢?不过,我也可以告诉您,那是他亲手编鞋子、他的妻子亲手搓麻绳换来的。”

听到这些,孟子又反驳说:“原来如此啊!”

有一天回家,陈仲子看到有人送给他兄长的一只活鹅,就皱着眉头说:“这个叽叽呱呱乱叫的东西有什么用?”过了几天,他母亲把这只鹅杀了,让他吃肉。他正吃的时候,兄长从外面回来,告诉他说:“你吃的正是那个叽叽呱呱的东西。”仲子一听,赶快跑到外面,把嘴里正嚼着的肉吐了出去。

据此事实,孟子评论说:“你看这个人,母亲给做的东西不吃,妻子给做的却要吃;兄长的房子坚持不住,于陵的房子却住了下来,这还能把他的行为推广给其他人吗?所以说,像仲子这样的人,只有蚯蚓才能比得上。”

周朝的世卿世禄制度,从春秋时代开始就受到不断的挑战,包括享受这一制度的人,也有站出来表示反对的,这里的陈仲子就是其中一位。

孔子也反对这一制度,因为在孔子时代,平民从政还不断受到贵族阶层的阻挠。

可是,到了孟子时代,平民从政已成为寻常之事。

孟子不反对平民从政,至少他本人就是平民。但与此同时,孟子也希望保留世禄制度,作为平衡社会各种利益关系的一个有效杠杆。

但是,崇尚大丈夫精神的孟子,一生坚持原则,极反感表里不一的人,也反对走极端的行为。

极端主义者事实上并不能很好地坚持自己原初的方向,而更多的时候是在两个相反的极端上徘徊。这种行为方式,既无助于社会风气的改善,也不可能在人群中推广。

陈仲子的做法,明显是对社会不负责任的表现,所以才受到孟子的猛烈抨击。

在另外一个场合,孟子进一步明确了自己对陈仲子行为的不同看法。

孟子说:“齐国人都相信,如果不符合道义,即使把齐国给了陈仲子,他也不会接受。但是,他抛弃富贵的义举,只是舍弃了日常饮食方面的一些细枝末节之物。对人来说,最要紧的是不要抛弃亲戚、君臣、上下等人伦关系,不要危害礼义道德。而人们对陈仲子的看法,恰恰是因为他的小廉而相信了他的大廉,这怎么可以呢?”

也就是说,陈仲子因为要舍弃父兄的不义之财而抛弃了他的社会责任。

可是,一般人只能看到有形的东西,特别是财富的价值,却看不到无形之物的重要性,意识不到礼义道德对社会的深远影响,所以才盲目推崇陈仲子。

孟子不仅能够看到事情的本质,而且敢于讲出来,更能够讲出来。

由此来看,大丈夫精神并不是单纯的勇气之拼,还有智慧之拼。

在宋国，孟子与大夫戴盈之有过一次著名的交谈。

当二人谈到经济问题的时候，孟子又一次向人家论说了他所认可的上古时代的一些经济制度，特别是税收方面的做法，中心思想是要减轻老百姓的税赋负担。

戴盈之不好当面反对，只好应付说："我们宋国今年还不行，只能稍微减轻一些税赋和关税，以后再逐渐地彻底去旧布新，您看如何？"

孟子可不管对方说的是假是真，还是坚持自己的原则。

孟子马上反驳说："有这样一个人，每天偷邻居一只鸡。有人告诫他说：'这可不是正人君子的行为。'他就应付说：'那就减少一点儿吧。每月偷一只，等到以后，再彻底不偷。'

"显然，如果自知做得不对，就应该马上停止，为什么还要等到以后呢？"

孟子是不苟且的，因为大丈夫的作风不允许他这么做。

孟子善辩，更擅长以比喻说明问题。对方要找借口逃避问题，甚至装糊涂，孟子就用最明显的事件来说明问题。

明知道是在做错事，还不能立即改正，这是大丈夫所不能容忍的，以偷盗为喻，予以辛辣的讽刺和坚决的批判，就在情理之中了。

孟子在邹国的时候，任国之君外出，弟弟季任代理国事，送来礼物跟孟子交友，孟子接受了礼物，却没有回访。

孟子在齐国平陆的时候，储子是齐国的宰相，也送来礼物跟孟子交友，孟子同样是礼物收下，没有去回访。

过了一段时间，孟子从邹国到任国，就去会见了季任；可是，从平陆去齐国的都城，却没有去会见储子。

弟子屋庐子(名连)见此情状非常高兴,以为是得到了问难老师的好机会,于是就兴冲冲地问孟子说:“同样是送过礼物的人,却会见一个,不会见另一个,莫不是认为储子的官职太小吧?”

这种问题看似复杂,其实很简单。

孟子肯定地回答:“不是。我之所以不去会见储子,也是因为他缺乏诚意。”

屋庐子颇有悟性,马上明白了老师的意思。

当有人问屋庐子到底是怎么回事的时候,他说,季任当时代理一国之政,不能擅离职守,只好送礼相交;可储子却可以脱身亲自来见。

这就说明,储子与孟子相交缺乏诚意。

孟子虽是求仕的士人,但他对于当权者的态度却有着非常严苛的要求。特别是到了晚年,对此更是毫不让步,以至于弟子们也习以为常,稍有点化即做出了反应。

大丈夫精神是孟子不断的追求,而且随着年岁和见识增加,这个追求越发坚定不变,且越来越高,越来越严。

事实上,只有这样的永不停止,才是大丈夫精神的真正写照。

孟子本人以原则求仕,而对那些不择手段谋取富贵的人则极尽讥讽和抨击,而多数的官员正在他抨击的范围之内。

先看孟子讲述的一个故事。

故事说的是,齐国有个人有一妻一妾。

这个人每次出门,必定是酒足饭饱而归。

妻子问他跟什么人一同吃喝,回答说尽是些富贵之人。

可是，妻子却私下里跟小妾说："他说是与富贵之人共餐，但却从没有显贵之人到过我们家。我决定偷偷地去看一下，看他到底去了什么地方。"

第二天早起，丈夫又出门了，妻子就不紧不慢地尾随在丈夫身后。

妻子发现，丈夫走遍了国都，也没有人跟他站住说几句话。

最后，丈夫到了东郊的墓地。

在墓地里，丈夫不断地向那些上坟的人乞讨点儿祭奠后的剩余食物。因为在一处墓地没有吃饱，又转身去到另一处墓地。

原来，这就是丈夫酒足饭饱的诀窍。

妻子回到家中，把所见告诉了小妾，哀叹说："丈夫本是我们想要托付终身的人，没想到实际上是这个样子。"二人深为丈夫的行为羞愧，在家里相对而泣。

那位丈夫当然对此一无所知，还是一副满不在乎的样子，从外面晃荡着回来，照样跟妻妾吹牛。

孟子就此评论说："由君子观之，则人之所以求富贵利达者，其妻妾不羞也，而不相泣者，几希矣。"①在君子看来，那些求取富贵的人所用的卑劣方法，不过是妻妾家人不知道罢了。一旦让她们知道了，没有不感到羞愧，没有不哭泣的。

意思是说，那些缺乏修养、不讲原则的人，他们之所以得到富贵、身居高位，都是使用了不可告人的下贱手段。他们固然可以在不知情者面前耀武扬威，但是，如果真的让家人知道了，肯定会为他们的行为羞愧难当。

有太多的做官者，在上司面前极其低三下四，但在家人面前

① 《孟子·离娄下》。

却自吹自擂;如果让他们面对孟子这番剖析,应该会感到无地自容的。

丈夫与大丈夫只是一字之差,丈夫与小丈夫也是一字之差。

这一字的差别,决定了孟子一生的政治追求,也影响了古代士阶层的发展历程。

二、批评弟子

孟子的教育成就虽然不及孔子,但在那个时代也是非常引人瞩目的。

不过,就是从孟子亲自审定过的《孟子》一书的记载来看,孟子弟子人数不多,更重要的是杰出人物更不多。

这也许与时代有关,也许与孟子的个性有关。

孟子是滕文公的座上贵客,所以,来到滕国,孟子一行人就住在最好的客栈里。

客栈的服务人员中大概有自己织鞋而穿的人,把一只织好的鞋放在窗台上却找不着了。

当时的客栈里大概再没有别人入住,有人就对孟子说:“莫不是跟你来的人把鞋子给藏起来了吧?”

话语虽然比较婉转客气,孟子听了还是很不高兴,就反问道:“你以为我们是来偷鞋的吗?”

此人赶快解释说:“当然不是。只是我想,夫子您的教学之道是:不想学而离开的,您也不去追回;但凡是来求学的,您也一概不拒绝。只要是诚心来求学的,您就会收下他们。”

这样的评论虽然是因为丢失鞋子而发，但也从一个侧面描述了孟子教学活动的一个方面，即在外在看来，孟子对于前来求学的弟子把关并不严。

乍听上去，所谓“夫子之设科也，往者不追，来者不拒。苟以是心至，斯受之而已矣”①之类的说法倒是有些符合孟子的风格，但事实上这只是表面现象。

《孟子》中对孟子弟子有比较全面的记载，其中的一个重要内容，就是孟子对弟子们的严格要求和严厉批评。

或者说，在《孟子》中，我们并没有看到孟子弟子的危言危行，而更多的是孟子对弟子们的提携和批评。

成功的教育者都有明确而严格的收授弟子的标准。

以孟子的高傲性情，这种标准自然一丝不苟。

孟子立下的规矩是，不是依靠对大道的真正热诚，而是倚仗着自己的社会地位、贤才名声、年长优势、有过功劳以及跟他的老交情而来求学的，他都不予接受。②

比如，孟子与滕文公交情深厚，文公之弟滕更来到门下求学时，按理说应该收下，可孟子对他却不理不睬。原因是他犯了以上孟子所立五项规矩中的两项，即第一项和最后一项。

曹交，有人说是曹国国君的弟弟。

可是，到孟子时代，曹国灭亡已久，遑论曹君？不过，从他本人说话的口气看，似乎也不是个普通人，也可能是曹国君主的后

---

① 《孟子·尽心下》。

② 《孟子·尽心上》：“挟贵而问，挟贤而问，挟长而问，挟有勋劳而问，挟故而问，皆所不答也。”

代。

这位曹交问孟子:“有人说,人人都可以成为尧舜,这话对吗?”孟子回答说对。其实这就是孟子的观点。

曹交又问:“我听说,周文王身高十尺,汤王也有九尺。我虽有九尺四寸高,可还是个只会吃饭的普通人。怎么样才能赶得上他们呢?”曹交所言身高的尺寸是当时的量度,虽然无法与现在的尺度准确对应,想必也是高身材的标准。

面对这种浑人,孟子只好回答说:“你说的都不是关键问题,因为最主要的是身体力行。”

比如说,慢慢地跟在长者后面走叫作尊敬长者,抢在长者前面走就叫不尊敬。慢慢行走,这难道是那些抢路走的人做不到的吗?不是,是他们不想那么做。

在求道的问题上,不能和不为是孟子强调的重点之一,因为这表明一个人是否调动起了自我能动性。

听了孟子的话,曹交大有茅塞顿开之感,欣然说道:“我可以见到邹君,跟他借个住的地方,情愿在您门下求学。”

这说明孟子此时正在故乡邹地,而曹交开口就抬出邹国君主,显然令孟子不快。

所以,对于这种一时冲动的,并且还有些莫名其妙的优越感的求学者,孟子并不想收留。

于是,孟子说:“尧舜的大道就跟脚下的大路一样,并不难知,怕的是人们不去寻求。如果你下决心去寻访,老师会多得很。”

孟子后来颇为得意地说,不教诲也是一种教诲方法。

“教亦多术矣，予不屑之教诲也者，是亦教诲之而已矣。”[1]教育有多种方法。对于一个人，如果我不屑于教诲他，这也是一种教诲啊！

这明显是希望一个人因此退而反省吧。

那些不能被孟子接纳的人，通常总是在态度上有问题，离孟子的基本要求太远。所以，孟子就使用这种激将法，希望他们能够退而反省。

不用说，与孔子的“有教无类”[2]相比，孟子的做法显得更为傲然自恃，其实这也是大丈夫精神的一种自然延伸。

对于自己的弟子，有名分或没有名分的，孟子的要求其实是一样的。

表扬是一样，批评更是一样的。

弟子高子断言：“大禹时的声乐，高于文王时的声乐。”

这是人们在某个地方同时看到了据说是这两个时代留传下来的大钟。

孟子问他有什么根据。

高子说：“大禹时的编钟，挂钟的带子都快要断了。”意思是说，大禹时的编钟使用率太高，磨损程度较大。

可孟子看到了另外的可能，比如说，城门洞里有着深深的车辙，这可能是因为城门下的路不如大路宽广，马车经过时比较集中，天长日久，其间的车辙自然变深，而并不是因为车马都愿意从这里经过。

换句话说，也许是大禹时的钟太少，或者大禹的时代离现在

---

① 《孟子·告子下》。

② 《论语·卫灵公》。

太遥远,才使大禹时代的钟看上去使用率更高。所以,仅凭此一条不能说明大禹时候的音乐更好一些。

综观此章之意,孟子并不是反对高子的结论,而是不赞成他做出结论的依据。所以,从师而学,关键不在于学到多少具体知识,而在于是否悟出学习的方法。

所谓“授之以鱼不如授之以渔”,学到打鱼的方法比直接获得鱼更重要,因为人家给你的鱼总是有限的,而学会打鱼则会得到无限的鱼。

同样,老师教授的知识是有限的,而正确的学习方法则会获得无穷无尽的知识。

从孟子的语气中又可以看出,孟子对于弟子们不足之处的批评,是非常严厉的。

孟子随即批评高子说:“山间的小路,只要不断有人顺着它在上面行走,就能成为大路。可是,只要有一段时间没人行走,就会被茅草堵塞。以我看,你的心现在已经被茅草给堵塞了。”

这就是说,高子没有坚持不懈地用功学习。

孟子弟子与当年的孔子弟子一样,虽不敢说有良莠般的区别,也确有高下的不同。

对此,孟子作为老师是有清醒认识的,对弟子的批评也是相当客观的。

孟子在齐闵王的朝堂上做客卿时,孟母去世。孟子回鲁国办完丧事,又返回齐国。

当一行人来到齐国的嬴地时,弟子充虞觉得是时候了,就上前问道:“前几天操办丧礼的时候,蒙您信任,让我监督木匠做棺椁。那时事情紧急,没有机会请教您,一直等到现在。我觉得,是不是那棺材有点太华美了?"

事实上,在另外的记载中,就有人说孟子给母亲的装殓太奢侈。这说明,孟母的厚葬在当时确实引起了广泛注意。

对于弟子的问题,孟子不能像对待政敌那样采取蔑视的态度。

弟子的发问并无歹意,作为老师,也有责任详细解答学生的疑问,尽管这种疑问与老师的利益有关。

孟子说:"上古之时,对棺椁没有明确要求。中古以后,要求棺厚七寸,椁与之相称。上自天子,下至百姓,倒并不完全是为了美观,更重要的是,能按着这个要求做了,就算是尽了孝心,内心也就踏实了。

"这就是说,如果做得不得体,不合乎礼法的要求,即使你很有钱,一定要使用那样的棺木,也不会让人满意;同样,如果没有钱,却倾家荡产地要用那样的棺木,即使合于礼法的要求,也不会让人感到很痛快。

"如果既合乎礼法,又有那个财力,古来的人都会那么去做,为什么唯独我就不能呢?再说了,不让死者的肌肤挨着泥土,难道不会使活着的人感到快慰吗?"

丧葬之礼既然是一种礼仪,就要有所花费。但是,同样是合乎礼仪的程序,花费也肯定不同。比如说,同样是有棺有椁,不同质地和厚薄的木料之间,费用也大有差别。

有鉴于此,孔子认为,如果是在奢侈与节俭之间做选择,他宁肯选择后者。① 因为强调花费的结果,会使纯粹表达哀思的

---

① 《论语·八佾第三》:"礼,与其奢也,宁俭;丧,与其易也,宁戚。"

丧礼变成金钱的堆积,更会使不孝之子用父母死后的花费遮掩生前的不孝。

孟子进一步指出:“君子不以天下俭其亲。”①

我听人说过,君子不应当把父母作为节俭的对象。

这既是解释事情的缘由,也是对弟子充虞的善意批评。

与多半孔子弟子一样,孟子弟子也有着强烈的从政愿望。

孟子弟子乐正克曾在鲁平公朝中做官,大概因为在鲁国从政不顺利,就来到齐国,追随权臣子敖。

但是,也许乐正克不知道,孟子很瞧不起宠臣子敖。

如上所言,两人之间数次发生程度不同的冲突。

自己的弟子与自己厌恶的人亲密交往,孟子自然不太高兴。

所以,当乐正克来见孟子时,孟子故意说:“你也会来看我吗?”

乐正克不知内情,对老师的话非常吃惊,赶忙问道:“您为什么说这种话呢?”

孟子其实也不好把事情说透,不能因为自己不欣赏子敖,就限制弟子跟他来往。所以,孟子只好找其他理由。

孟子问道:“你来这里几天了?”回答说是昨天来的。

孟子说:“昨天来,今天才来看我,我那么说还不对吗?”

乐正克回答说:“因为一时没有找到住处,抽不出空来。”

看弟子还在狡辩,孟子火气就更大了,说道:“定下了住处,再来看望老师,你听说过这样的道理吗?”世上确实没有这样的道理,乐正克只好承认自己犯了错误。

① 《孟子·公孙丑下》。

平心而论,如果乐正克追随的是孟子喜欢的人,孟子很可能不会这么苛刻地挑理。

这就说明,孟子对自己的政治原则确实有着过分的敏感性,而这种敏感性又与他在政治上的失意息息相关。

无论如何,即使是对于自己的弟子,孟子的批评也是寸步不让,说来就来。

这是孟子的真性情。

所以,孟子继续批评乐正克说:“你追随子敖来到这里,不过是混口饭吃。我万万没有想到,你学了古人的思想,却只想着去混饭吃。”

孟子之所以批评乐正克混饭吃,是因为他没有坚持孟子的政治原则,却想着通过追随像子敖这样的不讲礼义的宠臣而取得一官半职,获得俸禄。

当然,在这种批评之中,也饱含着孟子对弟子的爱护。

后来乐正克终于又回到鲁国做官,与孟子适时的批评大有关系。

在孟子的严格要求和严厉批评之下,弟子们也有难以坚持的时候。

与当年孔子门下相似,孟子弟子中也偶有不同意见,对于老师的做法表示难以理解。

比如,弟子公孙丑就给孟子提议说:“您的思想当然是很高远的、很完美的,但对于学习者却差不多像登天一样,似乎是高不可及。为什么不让它降低一点,让求学者伸手可及,天天都能勤勉实践呢?”

孟子不客气地回答说:“高明的匠人不会因为笨拙的工匠

而改变或废弃方圆规矩,高明的射手也不会因为拙劣的射手而变更拉开弓的标准。

“君子在传布其思想的时候,也像教人射箭一样,把弓拉满,却不把箭射出去,做出跃跃欲射的样子,让求学者注意为学的方法和标准要求。

“所以,君子只能是站立在适中而正确的道路上,让那些有能力的人来追随。”①

孔子在世时,弟子冉求就提出过类似意见②,而孔子也是寸步不让,一再声明自己的原则不可更改。这不是固执己见,而是坚持原则。

孔子、孟子都一样,都不会因为求学者的学习吃力或其他原因而降低学习的标准,更不会降低对学道者的道德要求。

大丈夫以道义为根本操守,即使是面对自己的弟子,也不会丧失原则。

批评时政,批评不称职的官员,批评不合格的学生,批评一切不合道义的人和事,都是大丈夫的社会责任所在。

---

① 《孟子·尽心上》:“中道而立,能者从之。”

② 详见《论语·雍也第六》:“冉求曰:‘非不说子之道,力不足也’”

第四章 对百家思潮的批判

在孟子时代,百家争鸣臻至高峰,各家各派之间都相互攻讦,孟子一家也不例外。

从孟学的角度出发,最令孟子头疼的是杨朱和墨子之学。一是因为这两派在当时的名声大、影响力强,二是因为它们的思想学说对儒学的冲击力也最大。

所以,孟子对这两派学说的批判也最为不遗余力。

还有孟子遭遇到的其他思想学说,比如农家思想和名辩家思想。

孟子与这些思想的重要代表人物都有面对面的交锋。

孟子对流行于世的不同于儒家思想的这些思想派别的批判,义正词严,正义凛然,同样表现了大丈夫的气概。

一、夫子好辩

要批判就得有辩说,特别是针对某些思想派别的。

孟子的辩才是公认的,但也有人认为孟子是为辩论而辩论。

弟子公都子就此问孟子："别人都说老师您喜好辩论，这是为什么呢？"①

对这样的问题，孟子尽管不感到意外，但却非常重视，所以，孟子非常认真地做了长篇大论式的答复。

孟子首先声明，自己并非喜好辩论，他的辩说之举是在特殊形势之下迫不得已的选择。

至于与人辩论的深层原因，孟子有详细的解释。

孟子认为，人类社会已经产生很久了，但基本上是太平一阵子，混乱一阵子。

回想尧帝的时候，大水逆流，在中原泛滥，大地被蛇龙之类的水兽占据，百姓连个定居的地方都没有。低洼之处的人，就在树上搭巢居住；高岗之上的人，则凿成相连的洞穴居住。

于是，尧帝命令大禹去治水。大禹利用疏通渠道的方法，把洪水导入大海，将水兽驱赶到沼泽地带。

大水有规则地在大地上流动，就形成了长江、淮河、黄河和汉水这样的大江大河。险阻消失了，害人的禽兽不见了，人民才得以在平地上安安稳稳地居住。

从人与自然的关系，孟子巧妙地引申到了人与人的关系。

尧舜等圣王去世之后，圣人的治国之道就开始衰微，出现了一代又一代的暴君。

这些暴君，捣毁老百姓的住处，建成游玩的池塘，使人民无处安身；毁掉良田，修成打猎的园囿，使人民不得温饱。

与此同时，异端邪说也在兴起，而残暴的政治更加酷烈。

随着园囿、池塘和沼泽的增多，禽兽又回到了大地。

---

① 《孟子·滕文公下》："外人皆称夫子好辩，敢问何也？"

到了殷商帝纣的时候，终于导致天下大乱。

于是，周公旦辅助周武王诛杀了纣王，用三年的时间讨伐奄国，杀掉了它的暴君；还把纣王手下有名的勇将飞廉驱赶到海边，并最终消灭了他。

到最后，周人一共灭掉了五十个国家，并且再次把虎豹等害人的禽兽驱赶到边远地区，使天下的人民欢欣鼓舞。

然而，正所谓好景不长，太平过后，又是混乱。

孟子说法是，世道衰微，邪说暴行再次兴起。有臣下弑杀君主的，也有儿子弑杀父亲的。孔子心生忧惧，就写作了《春秋》，指示了正正派派的国家政治，使乱臣贼子极度恐惧。

不幸的是，如孟子所慨叹的，几百年来，由于圣王一直未能出现，致使诸侯放纵无度，居家不仕的士人随便议论，杨朱、墨翟的言论充斥天下。

天下人的言论，不是赞同杨朱的，就是赞同墨翟的。

魏国人杨朱主张一切为我，这是不把君主放在眼里；宋国人墨翟倡导兼爱，对天下人施以同等之爱，这就等于是不把自己的父母放在眼里。

这种无君无父之人，在孟子看来，简直与禽兽无二。

孟子引用了贤人公明仪名言："庖有肥肉，厩有肥马；民有饥色，野有饿莩，此率兽而食人也。"[①]有权有势者，厨房里有大鱼大肉，马棚里有宝马良驹；人民却面黄肌瘦，横尸荒野；这就等于是当权者率领着禽兽吞噬人民。

很显然，如果杨墨的主张不能被止息，孔子思想就得不到发扬光大，因为异端邪说欺骗了人民，蔽塞了仁义的流行。仁义不

① 《孟子·梁惠王上》。

能流行，就会发生率领禽兽吞食活人的惨剧，进而将是人吃人的结局。

孟子对此也是心生忧惧，决心捍卫先圣的思想，拒斥杨墨的邪说，驱走过分的言论，使散布异端邪说者没有市场。

综合自己的观点，孟子最后说："大禹抑止了洪水，天下达到了太平；周公兼并了夷狄，驱走了猛兽，百姓得到了安宁；孔子写成《春秋》，立下了规矩，使犯上作乱的臣下和贼害父亲的儿子感到了恐惧。

"我要矫正人心，止息异端邪说，斥责过激的行为，驱走过分的言论，以继承大禹、周公和孔子这三位圣人的事业。

"我哪里是喜好辩论呢，只是不得已罢了。

"再说了，不论使用什么方法，只要是能说出反驳杨墨的话来，就是圣人的门徒了。"

在孟子时代，百家争鸣达到了高峰，无怪乎孟子摆出了决一死战的姿态。

不过，孔子在世时，也有来自四面八方的反对言论，但孔子并不赞成通过排斥异端来达到弘扬自己学说的目的。

俗话说得好，真金不怕火炼，这可以说是孔子的原则。

可孟子担心的不是火炼，而是泥土对真金的长时间的无理埋没。

孔孟的不同态度，与不同的时势大有关系。

孔子时代的异端之说是来自个人，孟子时代的不同主张却是来自思想派别。

显然，形成思想派别的观点和主张影响力更大，从儒学的角度来看，危害性也就更强。

以此去理解孟子的"好辩"，才能看到事情的本质。

二、批判农家思想

重视农业是中国社会的传统。在古代，重农思想一直很有地位。

战国百家争鸣中的农家思想，把传说中的神农帝作为始祖。

农家一派中的一位名人大家，名叫许行，大老远地从楚国来到滕国，想推行其主张。

正好在这个时候，孟子也在滕国。

我们知道，滕文公与孟子处得还不错。

这位农家许行对滕文公说："我在很远的地方就听说您施行仁政，所以，我请求给我一个地方住下，让我做个普通农夫。"

滕文公答应了许行的要求，因为他是当时的名人，能来滕国耕田，对滕文公的社会改革当然有好处。

于是，许行就带着几十个弟子，开始了自食其力的生活。他们都穿着粗布衣服，自己编草鞋、织铺席。

不久之后，又有兄弟二人，陈相和陈辛，他们曾经是南方大儒陈良的弟子，现在也扛着锄头从宋国来到滕国，称赞滕文公推行的圣人之政，还把滕文公说成是圣人，并表示也要在滕国做农夫。

同样是名人，同样要自食其力，陈相兄弟肯定会与许行见面。

见面之后，想必是许行的名气更大，就先给陈相兄弟讲述了农家思想。

陈相兄弟听罢，非常折服，就抛弃了自己的儒家学说，做了许行的弟子。

这些人之所以都来滕国种田,想必是滕文公听了孟子所描述的井田制之后,对土地制度进行了改革,使普通人有机会得到耕种的土地。

此时,给滕国的社会改革出谋划策的孟子,自然会成为陈相会见的对象。

陈相转述许行的观点说:"尽管滕文公是贤明的君主,但还是没见识过真正的道理,即:贤君应该与农夫同吃同住同劳动。可现在,滕国还有国库粮仓,说明滕国的君主还想要盘剥人民,养活自己。这哪里是贤明君主的作为呢?"

许行的这一观点颇有些无政府主义的味道。看来,反对国家机器也是个很久远的话题。

孟子马上就发现,陈相头脑过于简单,并不难对付。

于是,孟子有计划地问道:"许先生是吃自己耕种的粮食吗?"回答说是。

"是自己织布做衣服穿吗?"回答说不是。

孟子又问:"许先生戴的是什么帽子?"回答说白麻布帽子。

"是自己编织的吗?"回答说:"不是,是用粮食换来的。"

"那么,他为什么不自己织布呢?"陈相回答:"怕影响耕种。"

孟子点点头,接着又问:"许先生做饭的锅和种地的农具,都是自己制造的吗?"陈相回答说:"也是用粮食换来的。"

好了,话问到此,陈相已经掉进了孟子设下的陷阱。

孟子毫不客气地责问道:"农夫用粮食换器具,你们不认为是盘剥工匠;如果工匠反过来用器具换粮食,难道就是盘剥农夫吗?再说,为什么许先生不亲自制造器具,放在家里,以便随时取用呢？为什么要不厌其烦地与工匠交易呢？”

陈相猛然间才发现，自己已经无言以对，只好狡辩说：“制造器具本来就不可以与耕种同时进行嘛！”

孟子马上质问他：“那么，治理天下的事情就可以与耕田种地同时进行吗？人世间本来就有官员的专职之事，又有小民的专职之事。

“任何一个人要生活，百工制造的器具都少不了。如果每一件都要亲手制造，就等于把天下人引上绝路。

“这就是说，有人劳心费神，有人劳力流汗。劳心者管理人，劳力者受人管理；被管理者供给人们的食用，管理者食用别人的供给。这一原则，是普天下通行的法则。”①

孟子这段有名的论述通常会被人们误解。最常见的曲解，是说它在主张剥削有理。

其实，孔子就说过，社会是由两大部分人组成的，即脑力劳动者与体力劳动者。

孟子能看到并肯定这种存在，对人类文明的发展就是一大贡献。

只是孟子在此所说的未免过分直截了当，缺乏进一步的说明，以至于无形中给人一种劳心者无端剥削劳力者的感觉。

至于此处所说的“劳”字，在西周文字中，其下部是从“心”而不从“力”的。

也就是说，“劳”的本义是劳心，而只是在人们意识到社会分工的必要性之后，才逐渐分化出从“力”之劳。

社会分工是人类文明的里程碑式的进步。

---

① 《孟子·滕文公上》：“或劳心，或劳力；劳心者治人，劳力者治于人；治于人者食人，治人者食于人，天下之通义也。”

孔子和孟子先后明确倡导社会分工的思想并加以论述，代表的是一种先进的思想。

讲述了一般性原则后，孟子又以人类历史证明之。

在帝尧的时代，天下并不安宁太平。洪水泛滥，草木茂盛，人们没有收成；禽兽大量繁殖，横行大地，把人逼迫得没有安生之处。

尧帝对此忧心忡忡，就选拔大舜负责治理。

大舜命令益用火焚烧，这才赶跑了禽兽。

尧帝之后，大舜继位。舜帝命令大禹疏通河道，把济水和漯水引向大海，把汝水、汉水、淮河、泗水归入长江，使得中原地区可以耕种粮食，人们就有饭可吃了。

在治水过程中，大禹多年奔波在外。他曾多次路过家门，都没有工夫进家看一看。

讲到此，孟子不失时机地反问："这时候，即使大禹想去耕田，他能有时间吗？"

再说周人的始祖后稷，在帝尧时负责农业生产，教给人们种庄稼，播五谷。五谷丰登，养育了人民。

但是，人只能够吃饱、穿暖、安居还不行，必须有道德教化，才能区别于禽兽。

圣人考虑到了这些，就让商人的始祖契做司徒，教育人们知道什么是人伦，即：父子有亲情，君臣有大义，夫妇有区别，长幼有顺序，朋友有信用。

孟子再次反问："圣人如此处心积虑地为人民着想，哪儿还有闲暇去种地呢？"

真正让尧帝担心的是得不到舜这样的帮手，舜帝则担心得不到禹和皋陶这样的助手;而普通农夫所担心的,不外是自己的田地种好了没有。

孟子说,分给人们财富叫作恩惠,教导人们行善叫作忠诚,给天下寻找人才则叫做仁爱。所以说,把天下给了人是容易的,可为天下寻找人才却太难了。

尧舜治理天下难道不用劳心费神吗?当然不可能在耕田上用力了。

孟子的如此分析和证明,是非常得力的。

由此可见,孟子好辩,确实是以其理性精神为基础的。

孟子所谓"大丈夫",是有理性的,是讲道理的。

说到此,估计陈相已经有所醒悟。

所以,孟子话锋一转,开始批评陈相兄弟二人的行为。

孟子说:"我只听说过用华夏改变蛮夷,还不曾听说华夏为蛮夷所改变。"这是说,只有经济文化发达的中原地区才能改变落后的周边地区。

既然夷不能变夏,孟子又说:

"陈良本是楚国人,因为喜欢周公、孔子的学说,北行来到中原求学,研习的结果却超过了中原的学者,这真是一位豪杰之士啊!"

可是,陈相和陈辛兄弟二人追随他几十年,在他去世之后就背叛了他,这真是太让孟子惊讶了。

想当年,孔子去世后,门人统统守丧三年。

三年之后,他们收拾行装,要各奔前程。临行之时,又都来跟年纪最长的子贡行礼,大家面对面地失声痛哭,挥泪离去。

子贡不忍离开老师,又返了回来,在墓地盖了房子,再独自守丧三年,这才最后离去。

孔子弟子曾子就说过,我们的老师好比是用江汉之水洗刷过的,用夏天的烈日曝晒过的,洁白无比,谁也不能替代啊!

这让孟子不禁叹息道:“现在许行这个南蛮子,说话像伯劳鸟一样怪声怪调,却来非难先王的学说,而你们又背叛老师,去追随他,真是在走下坡路啊!”

不过,陈相和陈辛追随许行也并不是完全盲目,而是许行的一些主张确实吸引了们。所以,陈相还想就许行的一些观点跟孟子进行辩驳。

陈相说:“许先生认为,如果市场上出售的东西价格都一样,人们就不会使伪行诈了。即使是让小孩子去买东西,也没有人欺骗他。所谓价格一样,就是说,同样长度的布,价格就该一样;同样重量的麻线丝绵,价格也该一样。至于五谷,就应该是量同而价同;鞋子则应该是尺码相同而价格同。”

对于这种幼稚的观点,孟子很轻易地就反驳道:“物件的不同,那是事物的本性。它们的价值差别,从五倍一直到几十几百倍,直到千万倍都有。你把这么大的差别看成一样的,是要导致天下大乱的。卖鞋子不论质量好坏,只看尺码大小,有谁还会去做好鞋呢?跟你的论断相反,遵从许先生的观点,人们就会争相作伪,这怎能实现治理国家的目标呢?”

传统重农思想的另一面是抑商,反对商业的发展,认为商业是在赚取不义之财。

可是,在孔孟的思想里却是农商并重。这种难能可贵的思想,其根本基础就在于必要的社会分工的原则。

社会里个人的能力有限,职责有限,没有相互的扶持,就不成其为人的社会。这种相互扶持的一个表现,就是商品的流通和交换，并且，在这个交换过程中，不同的价值决定了不同的价格。

在中国古代，抑制商业来源于政治专制的思想，因为发达的商业会对政治独裁形成最有力的威胁。

许行等人极端主义的重农思想虽然有着强烈的社会批判精神，但忽视甚至否定了社会分工的必要，这对于社会的正常发展是具有消极作用的。

孟子的大丈夫精神虽然也具有强烈的社会批判意识，但孟子的社会批判并不是盲目的和极端的，更不是破坏性的，而是积极的和建设性的，是根植于理性的。

面对天下大乱、民不聊生，许多思想家提出了极端观点，力图一夜之间改变现状。

比如上述农家人物许行，是想让天下人都去亲自参加劳动，自给自足；还有一位农家人物白圭，又主张改革税率，从农民的收入中只收取二十分之一的税赋。

这种观点看上去是考虑了人民的物质利益，其实却是非常不现实的、行不通的。

孟子就批评说："你的这种做法，是北方蛮族中貉国人的做法。举例来说，一个有万户人家的国家，只有一个人制造陶器，这可以吗？"

白圭当然明白这不可以，因为器皿会不够用。

孟子接着说："那貉国，不产五谷，只能生长黍子。没有必要建筑城郭、宫室，也不用祭享宗庙，不必举行各种祭祀，没有诸侯之间的外交往来、相互宴请，更没有什么官员和行政人员。因为没有以上的开销，二十取一当然就够了。

“可是，如果生活在中原，抛开了社会伦常，不要社会管理人员，那会是个什么样子呢？制陶者太少，尚且不能维持一个国家，况且是没有管理人员呢？尧舜时代的税率是十取其一，如果比这个税率低，至多是大貉国与小貉国的区别；如果比它还高，那就是大桀王与小桀王的区别了。”

所谓貉国的意思，是指那种规模小、人口少，不需要太多社会管理的国度；而所谓桀王，则是指夏朝末代国王桀那样的国度，奢靡无度，无限制地盘剥百姓，增加民众的各种负担。

在此类问题上，孟子坚持了孔子倡导的中庸原则。也就是说，既不能因为行政管理体系的过度庞大而税赋过度，也不能因为要顾及民众的经济利益，就不断减少税收，以至于国家机构的正常运作都出现了问题。

当然，也不能因为穷兵黩武甚至是当权者的奢靡生活而无限制地增加民众的税赋负担。

掌握好这两者之间的度，确实是困难的，但维持一个合理的税赋标准还是治国者应该慎重考虑的。

这就是说，对于大丈夫来说，做任何事情都是以讲原则为核心。舍此之外，偏向于任何一方都是错误的，都是不道德的。

白圭又名丹，在治理水患上很有一套办法，当时也很有名，堪称水利专家。

据记载，白圭诀窍是建筑堤坝，建成水库。

但是，白圭建成的这种水库，主要不是用来进行合理的蓄水灌溉，而是在必要时作为对付其他国家的武器，即：或放水使邻国遭水灾，或控制水量让邻国受旱，也就是让“水逆行”。

所以，当白圭自诩他的治水之功超过了当年的大禹之时，孟子马上反驳说:“你大错特错了。大禹治水,用的是疏通的办法,遵循的是水的本性,所以,大禹以大海为水沟,把水引到海里去。可你现在是把邻国当成了水沟。大水逆行称作洚水,洚水就是洪水,这是仁人厌恶的做法。”

孟子坚持大丈夫的一贯精神,对于恶人恶事,嫉之如仇寇,是非分明,义正词严。

三、批判杨墨思想

战国时期,儒家一派颇有声势,因而,反对儒学的思想派别颇多。

除了农家,还有墨家。

墨家深为当时普通人的遭遇所震撼,决心要代表平民说话,但其思想却有明显的极端主义倾向。

有墨家人物名叫夷之,先跟孟子弟子徐辟联系,想求见孟子。

因为按当时的礼节,要想拜见一个人,特别是地位较高的人,必须有人介绍。

但孟子却不想见夷之,因为夷之的来意就是论辩。

孟子明白,那些思想偏激的人是难以说服的。所以,孟子就借口说:“我本来很想见他,但现在有病在身。等病好了,再去见他。”并要徐辟转达,让夷之别再来了。

徐辟当然事先没有说老师在生病,所以,夷之明白,要等孟子主动来见他是不可能的。

所以,过了几天,夷之又来拜见,这使得孟子不能再推托了。

孟子本不想对夷之说什么,可是,他转念又想,如果不直说,道理就表现不出来。所谓理不说不明,就姑且跟夷之说一说吧。

但是,孟子又想在见到夷之之前先挫挫他的锐气,就对弟子们说:“我听说了,夷之是墨家人物。墨家对丧事的原则是薄葬,丧礼越简单越好。夷之把它作为改变天下的一项主张,当然不会说这一主张不重要。可是,夷之本人却厚葬了自己的亲人,说明他是以自己瞧不起的东西侍奉亲人的。”

负责联系的徐辟把孟子的议论告诉了夷之。

夷之很不服气,就对徐辟说:“儒家认为,古代的君王把百姓当作自己的孩子一样地爱护,这是什么意思呢?我认为,表现爱心不应该有等级的区别,只不过是从自己的亲人那里开始罢了。”

夷之要说的是,儒者一方面认为对百姓应该一样爱护,一方面又主张爱有差等,这也是自相矛盾的。

墨家反对爱有差等,主张兼爱,对所有人一样爱护。但是,不可能同时爱所有的人,总得有个起始的地方,那就是自己的亲人。

所以,夷之认为,自己厚葬其亲,正是兼爱的表现。

徐辟又把夷之的反对意见告诉了孟子,孟子自然也不同意。

于是,孟子又深入一步说:“夷之真的以为,任何人都能把自己的侄子跟邻居家的孩子一样爱护吗?

“夷子的例证也许是这样的:看见一个爬行的小孩就要掉到井里的时候,任何人都会去救助,都会表现出同样的爱心,因为他们不认为这是小孩子的过错。

“其实,这并不是什么兼爱的表现,而是恻隐之心的发动。

“再说了,天地生育万物,每一事物只有一个来源。对人来说,也只有一个父母,所以,对父母的爱一定要不同于对其他人。可夷之却主张'爱无差等',认为其他人可以平分自己对父母的爱,这无异于主张人有两个来源,有无数的父母。

"从人类道德进化来看,上古之世,人们并不懂得埋葬亲人。亲人死后,就随便扔到荒野之中。也许偶尔有一天,他又经过扔尸体的地方,看见亲人的尸体被狐狸撕咬,被蚊蝇嚼食,太不成个样子了。这使他禁不住满头冒汗,不敢正视。他之所以流汗,不是要给别人看的,而是内心受到的震撼表现在了面目之上。于是,赶快回家拿来工具,把尸体掩埋起来。掩埋起来就放心了。这说明,孝子掩埋亲人,不是没有道理的。"

徐辟又转身出去,把孟子的话告诉了夷之。

夷之听罢,大概觉得不是没有道理。那么,自己所遵从的墨家传统的主张,又该怎么办呢?一时想不通,夷之只好茫茫然地站了好一阵子,最后若有所失地说了句:"我领命了。"表示有所明白了。

夷之到底是不是明白了,并不是我们关心的焦点。

平心而论,在那种动荡的年代,孟子的观点虽然有些迂阔,但究竟还是平实之论。

任何平实之论,即使当下没有市场,终究也会被越来越多的人所接受。

而极端主义的主张,虽然当下比较容易招来许多头脑发热的拥护者,但却不能持久坚持下去。

墨家思想最终失传,主要原因恐怕就在于它的极端主义倾向,以及由于走极端而不断产生的自相矛盾。

人是应该爱别人,但一定要做到墨家的"兼爱","爱无差"等,平等去爱一切人,这就是极端主义的主张了。

孟子的“大丈夫”是襟怀坦白之人，自己的主张要明明白白地表达出来，不去遮掩。

儒家的大丈夫以仁爱对待天下之人，这是总的态度。

但在具体表达方面，必是爱有差等，不同的人，示爱的方式自然不同。这才是实际可行之爱。

那种大唱高调的爱，既然是不可能落实的，也就是空虚的。

宋牼是宋国人，又名宋钘、宋荣子等，孟子时代有名的学者，其思想比较接近于墨学主张止战。

宋牼要去楚国，在石丘这个地方与孟子相遇。

孟子问他去楚国干什么，宋牼说：“我听说秦国与楚国正在交兵开仗，我想去见见楚王，说服他罢兵。如果楚王不接受，我就再去说服秦王。我相信，他们中的一人肯定会听我的。”

孟子当然知道他的一贯主张，但还是故意问道：“我不想问得太详细，只想听听你用来说服他们的主要观点。”

宋牼回答说：“我就说，他们那样做是无利可图的。”

义利之辩是孟子最为关注的问题之一，他当然不会失去这样的辩说机会。

于是，孟子说：“先生的志向可真是够远大的，可提出的观点却大为不妥。

“你以无利可图劝说二王，如果他们因为喜欢利益而相互撤兵，三军将士也乐于罢兵，并因此而喜欢上了利，以至于为臣的、为子的和为弟的，都抱着图利的思想事奉君主、双亲和兄长，使君臣、父子、兄弟终将远离仁义，以图利的思想相处。到了这种地步，他们如果不完蛋，那才怪呢！

“可是，先生如果用求取仁义劝说二王，结果就会与图利正好相反。到了这种程度,如果不能称王于天下,那也才怪呢?”

这正所谓“义则可矣,何必曰利?”

以利解决问题是短视的,并且接着就会产生新的问题。最根本的一点是,利终究是有限的。以有限的手段解决国家长治久安的大问题,显然是无效的。

只有解决了国家发展的根本原则问题,即发展的大方向问题,才谈得上长治久安,而这样的问题,在儒家看来就是仁义能够应对的问题,当然就成为大丈夫的远大志向。

孟子在批判墨学的同时,也激烈地批判了杨朱之学,简称杨学。

孟子把杨墨之学并称,显然是认为这两种思想在学理上是相通的。

在孟子看来,杨朱之学选择的是一切为我,即使拔一根毫毛就会有利于天下,他也不干。

墨子则主张兼爱,爱天下所有的人,所以,即使磨秃头顶、走破了脚后跟,历尽千辛万苦,他也要努力干下去。

显然,这两种主张虽然看上去截然不同,但在极端主义的道路上却是同路人。

还有鲁国的贤人子莫,执着于上述两种主张的中间道路。

中道本来是差不多的,可是,如果态度太执着,缺乏权变,就会与杨墨在方法上相同,同样是抓住一点,不及其余。

孟子认为,这种走极端的行为之所以让人厌恶,就是因为它会对儒家大道产生贼害。

所谓举一废百,就是执着于一个极端,不顾及有关的其他因素。

对于杨墨之学，孟子是在了解和定性的基础上进行批判的。

孟子在与辩者淳于髡讨论男女授受不亲的观点时，就曾强调过权变的重要性。

不过，极端主义在什么时代都有其特殊市场，乱世则更甚，因为人们总想一夜之间解决所有问题，而极端主义思想声称能够提供给人们的就是这样的灵丹妙药。

在孟子眼中，杨墨之学几乎是孟学的主要的思想敌手，因为它们在孟子时代影响很大。

所以，孟子严肃指出，当时的思想界，“逃墨必归于杨，逃杨必归于儒”[①]。离开墨学一派的人，必定归于杨朱一派；而他们再离开杨朱之学的时候，就会回归到儒学阵营中来。

从墨学的不切实际，到杨朱的极度为我，最后回归儒家的理性思想。

也就是说，当他们在深受极端主义之害以后，才能真正地从思想深处皈依儒家的中庸之道。

不管怎么样，孟子明确主张，如果有人能回心转意，返归到儒家，就不必过分责备他们，而是最好把他们接受下来。

可是，当今的一些与杨墨之学展开辩论的人，对于回心转意者的态度却是，如同找回了走失的猪，不仅要圈在猪栏里，还要把猪腿系上，唯恐再次跑掉。

在孟子看来，这种求助于外在限制的办法不足以解决根本问题，因为最重要的还是要从思想上击败杨墨之学。

看起来，孟子虽然对这两派的思想批判是相当严厉的，但在

---

① 《孟子·尽心下》。

对待它们的具体措施上还是很有理智的。

这就是说,大丈夫的精神和勇气并不是纯粹的刚猛无度。

四、批判名辩之家

春秋战国时期有所谓的名辩家,后世也称名家,即擅长言语,善于利用能言善辩的才能在思想上取胜。

由于这一派思想以运用语言的力量为主,近现代学界也称他们为那个时代的逻辑学家。他们提出的许多命题,如公孙龙子的“白马非马”、惠施的“南方无穷”等,确实表现出了深刻的逻辑思维,所以,在许多国家的朝堂上,这一派的学者也时常能够获得一席之地。

淳于髡是齐国人,也是当时有名的辩士。

梁惠王就深为淳于髡的语言智慧折服,想让他做魏国的卿相,他却予以拒绝,并且终生不仕。

看起来,他与孟子的政治见解明显不同,自然就成为孟学的反对派。

当两位哲人在齐国相遇之时,在某个场合,淳于髡先问孟子:“男女之间不亲手给予和接受东西,这是礼的规定吗?”孟子说是。

淳于髡所说的“男女授受不亲”[①]之礼,应该是被这一时期的儒学所肯定的一项传统的礼仪规定。

听了孟子的肯定回答,淳于髡随即给孟子出了个难题,他

---

① 《孟子·离娄上》。

说:“那么,如果你的嫂子落入水中,你应该援手拉她一把吗?”

孟子应该已经料想到淳于髡会问什么问题了,所以很干脆地回答说:“不伸手去拉落水的嫂子,简直就是狼心狗肺,因为它与不允许男女亲手接递东西是两码事。男女之间的这种限制,是一般性的要求;而伸手救嫂,则是特殊情况下的权变之道。”

古人有“经”(孟子也称“中”)与“权”的说法。

经是普遍真理,权则是具体情况具体分析对待。

当然,所谓普遍真理也是相对而言的。

如果在今天还认为“男女授受不亲”是普遍真理,同样不符合孟子的权变思想。

二人论辩至此,淳于髡并不服气,便以孟子的结论为前提,又向孟子发起挑战。

这其实也说明,淳于髡跟孟子论辩的主要目的并不在于是否救嫂的伦理问题,也不在于经与权的哲学问题。

淳于髡说:“现在,全天下的人都落入水中,先生为何不去救援呢?”这是批评孟子一味死守仁义之道,缺少权变,以至于无法把救天下的主张付诸实施。

孟子则回答说:“天下人落水,应该根据大道去救援;嫂子一人落水,才能亲手去救援。你难道是让我亲手去救援天下的每个人吗?”意思是说,天下的困境只能用仁政去解决。

在“经”与“权”之间,过分的“权”就会改变“经”的性质;“经”的性质改变了,“权”也就不复存在了。

淳于髡也是成了名的论辩家,但正所谓“道高一尺,魔高一丈”,当他遇到孟子之时,便相形见绌了。

孟子不仅在思想内容上占优势,而且在气势上更占优势。

淳于髡当然不能心甘情愿地受挫于孟子，于是，他又责问孟子的为人。

他对孟子说："优先考虑功名和业绩，是为他人着想的人；推后考虑功业，就是为自己着想的人。您作为齐国的卿大夫，却没有对君主和人民建功立业，这是仁者本该有的行为吗？"

孟子首先以历史上的圣贤作答。

即使是身处下位，也不以自己的贤能事奉不肖之辈，这是伯夷；

多次待奉汤王，又多次待奉桀王，这是伊尹；

不厌恶污浊的君主，不拒绝卑微的官职，这是柳下惠。

三个人做法不同，大方向却是一致的，那就是仁。

孟子的结论是："君子亦仁而已矣，何必同？"[①]正人君子遵循仁就可以了，何必要做法完全相同呢？换句话说，我只要坚持仁道，没有世俗的功名又有什么关系呢？

淳于髡在此问题上没有占得先机，转而又说："鲁穆公之时，公仪子当政，泄柳、子思担当大臣，可鲁国却被削弱得更厉害了。如此看来，您所谓的贤者对国家并没有益处。"

淳于髡所提三位都是孟子推崇的儒家贤人。

孟子把贤者的一致追求定义在仁道上，淳于髡便设法证明，仁道只是空谈，空谈误国，不会给国家带来利益。

对此，孟子举出了相反的例子。比如虞国的贤臣百里奚，虞君没有任用他，最终身死国亡；秦穆公用了他，却成为春秋五霸

---

① 《孟子·告子下》。

之一。这又说明,不用贤人就会亡国,怎么还会被削弱呢?

淳于髡还不服气,接着举例说:"想当年,善于合唱的王豹住在卫国的淇水旁,黄河西边的人们都学会了大合唱;善于独唱的绵驹住在齐国的高唐,齐国西部的人们就都学会了独唱。齐国的烈士华周和杞梁的妻子哭塌了城墙,齐国的民风就为之一变。

"这就说明,事物内在的性质一定会表现在事物的表面。如果说要做什么事业,却没有实际的功绩,我可没见过这样的人。所以,像您所说的贤者现在确实是没有了;如果有,我一定会知道的。"

意思是说,孟子式的儒生既然没有外在功绩,就证明他们缺乏扎实可靠的内在修养。

孟子则回答说:"孔子做鲁国司寇的时候,遭到了当权者的排斥,没有实权;以至于发展到,参加祭祀之后连应该分给他的祭享烤肉都得不到。面对如此的逼迫,孔子连祭帽都没来得及脱下,就匆匆离开了。

"不了解孔子的人以为是为了祭肉,而了解他的人明白,那是因为当权者对他无礼。不过,也只有孔子,才能想到自己负担一些微小的罪名离开,而不会想着随便离去,让任用他的鲁君尴尬。

"所以,君子的行为方式,本来就是普通人看不出来的。"

也就是说,像淳于髡这样的人,根本不了解君子之所作所为的动机和价值,所以也就没有资格评价君子行为的得与失。

要论到实际的政治成就,孟子还比不上孔子。所以,在言语和思想上难以说服孟子的人,往往会以实际政治上的成功与否为难孟子。

幸好孟子对此早有准备,至少能够以自己的一番雄辩自圆其说。

这是思想家的成就,也是思想家的悲哀。

上述农家思想、杨朱思想、墨家思想和名辩思想,在先秦时代以后的中国古代思想史和社会发展史上的影响力都远逊于儒家思想,这与孟子等大儒们对这些思想派别持续不断的批判是大有关系的。

孟子的大丈夫以"不苟"著称,不调和,不附和,不苟且,是大丈夫精神的显著特色。

第五章　上下关系格局下的大丈夫

战国时代，各国间无情的争斗，形成了对人才的迫切需求。

由于可以在各国间周旋，有才能者才敢于对各国君主提出要求。

当时的思想界之所以有百家争鸣，与处在各国分治的情况下，知识分子相对自由的政治选择有着决定性的关系。

儒家积极入世，对于这种政治现状无疑是格外地敏感。

在儒家学者看来，即使是在君臣关系之下，作为有使命感和有责任心的大臣，理所当然地要表现其大丈夫精神。

至于身为士人的求仕者，即使处于下位，也不能抛弃原则，丧失勇气，更不能无视尊严。

大丈夫精神，本来就是有着强烈的政治意味的。

一、君臣之间，以礼相待

根据当时特殊的政治背景形势，先秦儒家思想家对君臣关系提出了明确的界定，即从君主对待贤人，到对待大臣的态度，特别是政治态度，提出了非常有力的观点，奠定了君臣关系格局下大丈夫精神的产生。

孔子认为，在君臣关系上，君主首先对大臣有礼，大臣才会对君主有忠①。

这种以礼相待的要求，近乎君臣关系的先决条件，被孟子继承和发扬。

在秦汉以后大一统的形势下，士大夫无处可逃，只好任由当权者发泄淫威，大丈夫精神的表现不断受阻，不断萎缩。

看来，在中国古代，只有现实的政治权力受到一定程度或某种方式制约的时候，思想界才会万象更新。

卿是当时诸侯国里最高层的爵位，通常都是被掌握着高层权力的大夫所拥有。在与齐宣王的交谈时，齐宣王说要请教孟子一些有关如何做卿的问题。

孟子首先反问："你指的是什么样的卿呢？"

齐宣王深感诧异，"卿就是卿，难道还有什么不同吗？"

孟子解释说："是有不同，因为有贵戚之卿，有异姓之卿。"

具体说来，君主有了大的过失，贵戚之卿就一定要劝谏；如果反复劝谏都不听，贵戚之卿就应该行动起来，改换君主，让亲戚中的贤能之人继位。宣王听到这里，吓得脸色都变了。

孟子却不慌不忙地说："你不要惊讶，我在此只是泛泛而谈。你一定要问，我不能不把正确的答案讲出来。"

听了孟子的这般解释，宣王的神情才稍有安定，接着又问异姓之卿的作为。

---

① 《论语·八佾第三》："君使臣以礼，臣事君以忠。"

孟子说:“异姓之卿,对于君主的过失也应该劝谏;如果反复劝谏都不听,就应该离开这个国家。”

孟子所谓的贵戚之卿,就是与君主同祖同宗之卿,也就是宗亲之卿、世家大族。

为什么同样是卿,对于君主拒不纳谏的态度应该不同呢?

君主有过不改,有谏不纳,就意味着这个国家迟早要出问题。

但是,即使这个国家走向灭亡,异姓之卿也不用负什么责任,因为这个国家不是他的,他满可以另选一个国家去任职。另一方面,如果反复劝谏还不被君主采纳,一旦这个国家出了问题,异姓之卿不是跟着遭殃,就是受到怀疑,所以只能离开。

可是,同姓之卿就不同了。他们与君主同族同姓,是统治阶层中的一员,对这个国家有不可推卸的责任。一旦国家灭亡了,他们就会成为无根之草,只能寄托于其他诸侯国。所以,当他们的正确意见不被采纳时,为了国家利益和自身的生存,就应该设法更换君主。

这种区别是宗法制度下的产物、家天下的产物。

与那个时代的所有思想家一样,孟子并不反对世袭制,但同时又主张一种相对灵活的君位继承制,即从君主的家族内部选择贤能者在位。

这种主张尽管未能完全突破当时的制度,并且事实上孟子的思想也不可能越超时代,但是,体现在其中的“革命”精神,在那个时代还是难能可贵的。

大丈夫不仅为自己争取政治权力,也为士阶层争取政治权力,更是为时代建造合理的政治基础。

这就是大丈夫的最高使命。

为了完成大丈夫的使命，孟子甚至在面对齐宣王时宣布了他的最具震撼力的原则：

> 君之视臣如手足，则臣视君如腹心；
> 君之视臣如犬马，则臣视君如国人；
> 君之视臣如土芥，则臣视君如寇仇。[1]

这说的是，如果君主把大臣当作手足一样看待，大臣就会把君主当作心腹一样看待；可是，如果君主把大臣看成了犬马，大臣就会把君主看成平民；如果君主再把大臣视为泥土草芥，大臣就会把君主视为仇敌。

齐宣王显然被孟子的观点所震惊，不敢正面应对，只能从反面提出疑问。

齐宣王说："按照礼仪，已经离职的大臣，在过去的君主去世后，可以为之服丧。那么，君主怎么做，他们才会服丧呢？"

孟子答道："君主应该做到：接受大臣的劝谏，听从大臣的进言，让人民得到实惠；大臣有正当理由离职而去，应该派人陪着，一直送到国境线，还要派人到他要去的地方打前站；离开后三年还不返回，才可以收回赐封给他的田产和住房。这叫作三有礼。

"如果这样做了，大臣就会为他服丧。

"可现在的君主呢，大臣的劝谏不接受，进言不听从，对人民也没有什么恩惠；大臣有正当理由离开时，就想把人家捆绑拘

① 《孟子·离娄下》。

禁起来，还要设法让人家在已经到了的地方陷于困境；在离开的当天，就没收人家的一切财产。

“这样做，就叫仇敌。对于仇敌，怎么还会为他服丧呢？”

孟子的观点显然要比孔子的激烈得多。

更重要的是，在孔孟的相关思想中，关键之处还不在于君主对大臣的具体待遇，而是总体上的态度，即君主要对大臣主动地表现出合理的态度，才能换得大臣的忠诚。

对君臣关系的如此强调，是全面理解和实践早期儒家思想的关键之一。

从孟子的上述思想中，我们不仅了解到孟子的从政原则的一个重要方面，还能深切体会到孟子的大丈夫精神的气势。

大丈夫是热切的求仕者，但绝不是现实政治的奴仆。

在古代君主专制的体制下，士人从政看上去是有求于君主的事情，但前提却是以义相交接。

在上述原则之下，孟子进一步提出了一些具体要求：

如果士人无罪而遭到诛杀，大夫就应该离开这个国家；

如果民众无罪而遭到杀戮，士人也应该离开。

这是因为，一旦无罪者惨遭杀戮，就证明这个国家开始实行暴政，迟早会从下至上殃及更多的人。

具有大丈夫精神的从政者，也许没有能力改变这种不合理的状况，但不在施行暴政者的朝堂上做官，甚至离开暴政之国，还是有可能的。

在当时的历史条件下，这是一种抗争，一种坚决的抗争。

孟子的这种看法虽然难以得到所有士大夫的遵循，特别是那些有野心的人士，但对当权者的确是一种现实的挑战。

二、上下之间，道义相交

孟子在世时，齐国先后有三位君主：威王、宣王和闵王。孟子会见过宣王和闵王。

齐闵王在位时，孟子已经是六十开外的老者了。

这一天，孟子本来是按照约定要去单独会见齐闵王的，可齐闵王却在最后一刻派人来说，他突然得了感冒，不能受风，要求孟子于次日早朝时在朝堂上见面。

这一更改，在孟子看来，表明齐闵王根本不重视这次会见。所以，孟子也回答说："正巧我也不舒服，明天不能上朝。"这明显也是推托之辞，表示对于齐闵王的擅自改期很是不满。

第二天，孟子决定到大夫东郭氏家去吊丧，弟子公孙丑担心道："昨天用生病做借口，今天却去吊丧，这有点不合适吧？"

孟子满有信心地说："昨天有病，今天好了，为什么不能去吊丧呢？"最终还是出了门。

同样是出门，能去东郭氏家，却不能上朝。

不巧的是，孟子刚走，齐闵王就派人来问候孟子的疾病，还派来了宫廷医生。眼看就要露馅儿，追随孟子游仕的孟子的堂弟孟仲赶快编了个故事，说："昨天他确实有病，不能应齐王之要求上朝。今天病刚好了点，就赶快去上朝了，只是不知道现在到了没有。"

孟仲在与齐王的使者进行周旋的同时，又马上派人去拦截孟子，让他一定去上朝。

大概包括孟仲在内的弟子们并不完全理解孟子的想法，只是怕惹怒了齐王，错过了从政良机。

可孟子主意已定，但也不好向弟子们说明。不得已，就到另一位大夫景丑氏家去住宿了。

大概是弟子们又追到景丑氏家去说服孟子，景丑氏便知道了事情的原委。

景丑氏同样不能理解孟子的做法，就劝说道："家庭之内的父子关系，家庭之外的君臣关系，是人的最重要的伦常关系。父子之间讲究的是恩爱，君臣之间讲求的是尊敬。在这件事情上，我只看见齐王尊敬你，而没有看见你尊敬齐王。"

孟子听罢，马上反驳道："哎哟，这是什么话呢！从没有什么齐国人跟齐王讲说过仁义，这难道能说仁义就不好吗？他们之所以不谈仁义，是因为他们认为根本不值得与齐王谈论仁义，我觉得这才是对齐王真正的不尊敬。而我呢，陈述给齐王的都是尧舜之道，所以说，没有哪个齐国人能像我这样尊敬齐王。"

孟子所说的尊敬与景丑氏所说的尊敬显然不同。

尽管孟子的说法很是精彩，但大有偷梁换柱之嫌。

当时的人们认为孟子有"好辩"的本领，确实名不虚传。

景丑氏也认为孟子的辩解跟他所说的不是一回事，所以就换个角度继续说："根据礼仪的规定，父亲有召唤，不能说等一等再来；君主有召命，等不了准备好马车，跑步也要赶去。你呢，本来就是要去朝见齐王，可在听到齐王的召唤后却变了卦，这似乎与礼的要求不一致吧！"

在鲁国做官的孔子，得到鲁定公的召命后，确曾未及坐车，便跑步而去①。不过，那与孟子的处境不同，因为孟子并不是齐王的大臣。

---

① 详见《论语·乡党第十》。

因此，孟子回答说："你说的就是这个吗？我可以告诉你，曾子曾经说过：'晋楚两国的富贵之家，我当然比不上。但是，他们有他们的富贵，我有我的仁义。他们拥有的是官爵，我拥有的是仁义。我比他们缺少些什么呢？'曾子的这些话难道说得不对吗？我看有它的道理。

"天下最尊贵的东西有三样：官爵、年龄和德行。在朝廷以官爵论高低，在民间则以年纪定尊卑，而辅佐君主治理百姓，只能决定于德行[①]。作为君主，凭什么因为拥有了其中一项，就轻视其他两项？

"所以，那些决心大有作为的君主，一定有召唤不来的大臣；如果想跟这些大臣商量什么，一定得去主动拜访，表明他对道德的尊重和欣赏。

"想当年，汤王对于伊尹，就是先把伊尹当老师一样地求教，接着才当大臣一样地对待。到后来，汤王什么具体事务都不用做，就成了天下之王。齐桓公对于管仲，也是同样的程序，到后来终于称霸于诸侯。

"可现在的君主，地盘跟以前一样大，地位跟他们的前辈也差不多，但其功业却无法与他们的前辈相提并论，这是为什么呢？就是因为他们只喜欢让听从他们教训的人做大臣，而不喜欢让敢于教训他们的人做大臣。

"汤王对于伊尹、桓公对于管仲，就从不敢召唤。那么，管仲尚且不可以召唤，像我这样根本看不起管仲的人更能接受召唤吗？"

齐王与孟子在这件事情上的是非曲直暂且不论，我们思考

---

① 《孟子·公孙丑下》："天下有达尊三：爵一，齿一，德一。朝廷莫如爵，乡党莫如齿，辅世长民莫如德。"

的重点应该放在孟子的君臣之论上。

孟子对君主的要求是："不仅要任用我，而且态度还要端正。"

这也许是孟子明知君主不可能任用他之后，认为与其任由君主摆布，还不如就此亮出自己的人格尊严，与君主作一番有骨气的抗衡。

这种抗衡在当时虽然未能实质性地改变现实中知识分子的政治境遇，但却从此树立起了知识分子的政治风骨，也就是真真正正的大丈夫精神。

孟子弟子陈臻问道："前几天在齐国时，齐王送给贵金一百，您没有接受；可后来到了宋国，人家送了您七十，您却接受了；接着又到了薛地，人家送了五十，您又接受了。

"这我就有点儿不明白了。如果说前几天在齐国的拒受有道理，那么，后来的接受就没道理了；反之亦然。在这个是非之间，非此即彼，您只能占到一头。"

陈臻自以为难住了老师，不想还是没有老师考虑得周详。

孟子说："并不是非此即彼，而是两头都有道理。"

这是为什么呢？

孟子的解释是，在宋国时，他就要远行，对远行的人一定要送礼；人家也说了，是馈赠道别之礼，他为什么不接受呢？在薛地的时候，我担心受到歹徒的攻击，存有戒心；人家就对我说了，听说你心中不安，用这些钱去买些防身武器吧。这我又为什么不接受呢？

可是，在齐国的时候，就没有什么说得过去的正当理由了。

没有任何理由的馈赠，是对人的收买。

“焉有君子而可以货取乎?”[1]哪有君子而可以被收买的呢?

钱财是为了必要的使用而准备的,所谓“君子爱财,取之有道”。

在物质条件方面,孟子的游仕比孔子周游列国时好得多。

孔子经常遇到困难。在最困难的时候,甚至儿子死了连口像样的棺材都买不起。

孟子不仅没有遇到过这样的麻烦,甚至还能说:“我这时候并不需要什么钱财”。

面对不同寻常的财货,孟子依然能够坚持自己的政治原则,以礼拒之,正表现了他所定义的知识分子的政治风骨,飞扬着他的至高无上的大丈夫精神。

交友是儒学的基本功课之一,而政治层面上的交友更被儒家所看重,因为儒家是入世的。

孟子的交友之道是:不倚仗长者的地位,不倚仗社会地位,也不倚仗亲戚的势力[2]。

在孟子看来,朋友是依靠道德修养结交而成的,不可以凭借外在因素。

他举例说,春秋时代,鲁国的权臣孟献子与五人为友。孟子还记得其中二人的名字,乐正裘和牧仲。

孟献子与这五人交友时,并没有觉得自己是大夫;而这五位呢,如果意识到他是大夫,也就不跟他相交了。

不仅大夫是这样,小国的君主也有这样的。

费国的费惠公就说:“我把子思看成是老师,把颜般看成是

---

① 《孟子·公孙丑下》。

② 《孟子·万章下》:“不挟长,不挟贵,不挟兄弟而友。”

朋友，而把王顺和长息则看成是手下人。”

孟子进而断言：岂止是小国君主呢，大国君主也有这样的。

比如说，晋平公在贤人亥唐面前，亥唐让他进来他就进来，让他坐下他就坐下，让他吃饭他就吃饭。即使是用粗粮菜汤来招待，晋平公也要吃饱，因为面对朋友的情谊，不能不吃饱。

但是，他们的关系也只能到此为止。

亥唐并不能跟晋平公共享君位，也不能共享君权和君禄。所以，晋平公对亥唐是士人尊敬贤者的方式，而不是王公尊敬贤人的做法。

说到王公尊敬贤人，孟子推崇的是尧帝和大舜的关系。

想当年，大舜还是平民的时候，去拜见岳父帝尧，帝尧就让大舜住在另外的宫室里。但是，帝尧招待大舜，大舜也招待帝尧，二人互为宾主，这才是天子与平民百姓交友的方式。

孟子最后的结论是：“在下位的尊敬在上位的，叫作尊重高贵者；在上位的尊敬在下位者，叫作尊重贤能者。但是，尊重高贵者与尊重贤能者，道理应该是一样的。”

一样在什么地方呢？那就是平等交往。

显然，孟子在此所说的交友之道的重点在于知识分子跟当权者的交往。

不难理解，处在孟子的地位，特别是在与各国君主的交往中，保持知识分子的人格尊严不仅是个面子问题，更要紧的是一旦被君主知用后能否发挥其应有作用的问题。

孟子所举的例子会有一定程度的夸张，但道理却是讲得相当明白和透彻的。

可以说，如果知识分子不注意平等相交的原则，就只能做当权者的爪牙。

孟子的大丈夫，不是要高人一等，而是要坚持以道相交。

因为大道面前人人平等，所以，如果一个国家能够以道治国，那么，在大道面前，君臣更应该平等。

大丈夫并不谋求任何的特权，道义是一切的准绳。

三、享受俸禄，有所作为

在孟子思想中，特别是到了他的后半生，坚持做官不只是为了得到俸禄，而是一定要掌握实权，一定要能够做实事。

也就是说，对于贤人来说，做官仅有经济待遇不行，一定要有政治待遇，一定要能够有政治作为。

要不实实在在地任用，要不让我离开。

几经波折，不得志的孟子终于离开齐国都城，踏上了回乡之路。

可是，就在孟子一行人于齐国的边境城镇昼地留宿的时候，有个齐国人决心要替齐王再次挽留孟子。

前文已经说过，齐闵王虽然不能任用孟子，但却希望把孟子留在身边，这其中的原因很多很复杂。

来到孟子住处，这个人非常恭敬地跪坐在那里劝说孟子。孟子则没有任何反应，并且开始靠着桌案打瞌睡。

这使得那位说客很不高兴，对孟子说："我为了见您，昨天起就开始斋戒，以表示对您的尊敬，而您却在那里打瞌睡。好了，我再也不敢来见您了。"说罢，起身就要离开。

话说到这里，孟子倒觉得对这个人有点儿太苛刻了。毕竟，此人来见自己，无论动机如何，态度还是很虔诚的，说话时自称弟子，也算得上是恭敬有礼。

所以，孟子就解释说："好吧，你先坐下，听我跟你讲一讲。"

讲什么呢？

孟子说，当年的鲁穆公，如果不能恭候在子思身旁，随时听取子思的意见，就不能使子思心中安定；而泄柳和申详这二位，如果不能总是待在鲁穆公的身旁，随时进言，也会忐忑不安。

这就说明，君主与贤士需要的是相互尊重，以诚相待。

可现在呢？这位说客说的是为孟夫子着想，但却没有考虑一下子思当年的情形。

孟子不得不反问一句："这是你让我这个老头子身处绝境呢，还是老头子我让你难堪呢？"

孟子提到的这些人物，子思是孔子之孙；泄柳是鲁穆公时的贤人；申详则是孔子弟子子张的儿子。这三位都曾于鲁穆公时在鲁国做官。

显然，孟子在此要说的是，正是齐闵王促使孟子不得不离开齐国，而不是孟子本人一定要离开。所以，被劝说的对象也应该是齐王，而不是孟子。

孟子的如此态度，软中带硬，确实令人难以招架。

知识分子最讲究以理服人，孟子对此把握得总是恰到好处。

孟子在齐国的游仕，断断续续有十几年，从齐宣王晚年，一直到齐闵王早期。

十几年的政治追求，换来的是孟子最终离开齐国，这很自然地就成为孟子一生中的重大经历。在《孟子》中，对这一时期的记载特别多，也显示出孟子的这段政治经历对于他的大丈夫精神的形成有着深远影响。

从《孟子》的记载来看，公孙丑是孟子最得意的门生。《孟子》记载的公孙丑的问题最多，总体上讲也比较大胆，且有深度。

这一次，公孙丑问道："您出来求仕，却又不接受君主的俸禄，这合乎古道吗？"这指的是，孟子本来是想做官的，却又为了讲求原则而放弃种种机会。

这让公孙丑很迷惑，难道这也是古人行事的原则吗？

孟子回答说："这并不是古道的要求。可是，在我这里，情况有些特殊。"

怎么个特殊呢？孟子以事实为证加以说明。

孟子第一次会见了齐王之后，就有了离开齐国的想法。

那时候，正是因为孟子不想改变他的政治志向，才没有正式接受齐王的俸禄。

不久，齐国发生了攻打燕国的战事，还让孟子出了公差，比如赴滕国吊唁滕文公之事，这让孟子一时间不可以离开，担心人家说他是因为不想做这些事情才离开的。

不过，总的来说，像这样长久地留在齐国，并不是孟子的心愿。

一句话，孟子之所以离开齐国，主要是因为这里并没有推行仁政的基础。

无论是齐王，还是齐国的政治形势，都与仁政的要求格格不入。

仅仅给他客卿的待遇，仅仅让他做个咨政者，并不是孟子的政治愿望。

也就是说，孟子所追求的不是个人的地位和享受，而是远大的政治目标。

既然齐国不能实现“我志”[①],就只能选择离去。

在这一点上,孟子与孔子的标准是一致的。

这是先秦正统儒生的传统,也是大丈夫们的政治追求。

在现实政治地位的层面,君主与士人确实有着上下之分。但是,在政治原则和政治目标方面,所有的人都应该以道义为标准。大丈夫持守道义,既看重上与下,又能超越上下关系,尽管这种平衡在人治之下是很难把握的。

① 《孟子·公孙丑下》。

第六章　大丈夫的从政之道

到了孟子时代，社会分工已经达到了相当成熟的程度，中国古代所谓士、农、工、商的格局基本形成，并日臻稳定。

在孟子看来，士人即知识分子的所学所知，注定只能去做社会管理的工作，做官是其天职。

严格说来，与来自其他阶层的从政者不同，士人从政，既要完成本职工作，还担负着为全天下指示政治方向的使命。

士人首先要有自身的道德追求，还要把这种追求加以扩散，影响全社会。

这样一来，对于求仕之途，士人就有了种种的要求。

至于大丈夫，在从政之途上当有更为严苛的标准。

从政并不是他们个人的事情，而是关乎社会和大众的利益，不可以苟且。

只有知道并理解了大丈夫的从政之道，才能理解他们在所有方面的其他作为。

一、大丈夫以行道为己任

从全天下的角度来看，大丈夫既以最严格的标准要求自己，也要以同样的标准要求他人。

对于大丈夫来说："天下有道，以道殉身；天下无道，以身殉道。未闻以道殉乎人者也。"[1]

这就是说，天下政治清明的时候，就把大道作为自己一生的追求；政治黑暗的时候，为了维护大道的纯洁，丢掉自己的性命也在所不惜。

孟子表示，他还从未听说过，能把大道作为谋取个人利益的工具。

大丈夫的尊严并不是凭空而来的，而是与追求大道和维护大道紧密相关的。

孟子指出，如果自身不能依据道义而行，想在妻子和儿女那里推行道义都不会行得通，更不用说对外人了；如果不能依据道义役使外人，就是自己的妻子和子女也不会听你的使唤。

如同孔子所说，如果"其身不正"[2]，自身不能做出表率作用，其他一切努力都是枉然。

孟子强调了君子的使命。

他认为，口唇对于美食，眼睛对于美色，耳朵对于美声，鼻子

---

① 《孟子·尽心上》。

② 《论语·子路十三》。

对于美味，四肢对于安逸，人们都会去追求，这是人的天性。但是，在这样的追求中，还有命的作用，也就是要看条件是否允许。所以，君子不会在任何条件下都把这样的追求看成是理所应当的。

同样，仁对于父子，义对于君臣，礼对于宾主，智对于贤者，圣人对于天道，能否达到一致也是要看条件的；但是，对君子来说，无论条件如何，这种追求都是不可更改的。

“圣人之于天道也，命也；有性焉，君子不谓命也。”①

“性”是指主观愿望，“命”则是客观条件。

对于高标准的口体之娱，虽然君子也跟其他人一样有与生俱来的欲求，但是，如果客观条件不允许就可以作罢，因为这对君子来说是可有可无的。

可是，对于仁义理智，君子不仅有与生俱来的追求，而且不论客观条件如何都要坚持到底，不可能有任何更改，因为这是君子的使命所在，是君子之生命的一部分。

外在的追求会受到客观条件的限制，内在的追求则完全决定于自己。

孟子这样说，既是讲述一般的原则，也是在表明大丈夫的原则态度。

孟子又说：“尧和舜是很好地发挥了他们天生的善性，汤王和武王则是通过后天的努力返回到了本性之善。”这样的说法还是依据了他的性善论。

孟子进而认为，举止动作都符合礼的要求，是最高德行的表

① 《孟子·尽心下》。

现。

非常哀痛地哭悼死者,并不是给活着的人做样子看。

坚持道德,百折不回,并不是为了谋求一官半职。

言语必定守信,并不是为了纠正别人的行为。

君子只知道一言一行都要有规法,至于结局如何,就等待天命的安排了。①

这就是说,君子发扬其本有的天性之善,一切中规中矩,都是自然而然的行为,并没有任何外在目的,一句话,君子本来就是这样的。至于能否实现其政治追求和理想,显然还需要适当的外在条件,所以才说要听从天命的安排。

对自我有如此严格的要求,以及在这种自律中流露出自信,明显是表现了大丈夫的情怀。

以此为基础,大丈夫才能在政治追求中严守高尚的操守。

二、大丈夫以从政为天职

士人必须从政,从政是士人的天职。

这既是社会分工的需要,也是“士人”二字的定义所在。

士人勤学苦读,通晓道义,把道义散播到人间,这是他们的使命。

大丈夫精神是士人阶层人格修养的顶峰。

在孟子的观念中,既要有大丈夫的修养,更要从政,努力以自己的才能和品格影响甚至左右现实政治的走向。

---

① 《孟子·尽心下》:“君子行法,以俟命而已矣。”

孟子在魏国时，周霄，大概是魏国的一位大夫，前来问孟子道："古代的君子也求仕吗？"这肯定是明知故问，有非难孟子的意思。

孟子非常干脆地说："当然是要求仕的。有记载说，孔子只要是三个月得不到君主的任用，就惶恐不安。如果离开一个国家，肯定要带着会见另一国国君的见面礼。

"公明仪也说过，在古时候，如果有人三个月得不到君主的任用，就会感到伤痛，别人也应该去慰问他了。"

孟子说的"三个月"，其实是泛言时间之长，而周霄也马上在时间上作起了文章。他说："只有三个月的时间就不行了，那不是太着急了吗？"

孟子回答说："不是太急，而是太慢了。胸怀天下的士人，因为急于拯救天下之难，所以，他们失掉了官位，就如同诸侯失掉了国家一样。"

但周霄的问题并未就此结束，他又问，为什么到一个新的国家要带上见面礼呢？

孟子告诉他："士人必须求仕，就好比是农夫必须耕种一样。一个称职的农夫，无论走到哪里，即使是走出国界去到另一个国家，都会带上劳动工具。"

周霄告诉孟子说："我们魏国也是普通人可以做官的国家，但我从未听说过有什么人如此急切地求仕。可在你那里，君子之人如此急切地求仕，却又得不到什么官位，这是怎么回事呢？"言外之意就是，你所谓的君子，是不是本身就有毛病呢？

一听这话，孟子可就有些不客气了，因为不懂道理是一回事儿，故意非难是另一回事儿。

孟子举例答道:“做父母的都有一个共同的愿望,都想让自己的儿女有个像样的家室。可是,如果有这样的儿女,等不及父母的操办、媒人的介绍,便自作主张,钻个墙洞去窥视邻家的异性,甚至爬过墙头去幽会私奔,这无疑会被父母和社会所轻视。

“古代的士人从没有过不愿求仕做官的时候,但同时又厌恶不走正道的求仕。[①] 不走正道的求仕者,与那种钻个墙洞偷看的人没有二致。”

做官是士人的天职,但能不能谋到官职,却不是士人单方面能够决定的事情。

然而,是不是持守原则,能不能以道求职,却是士人自己的事情。

在前文与农家思想的人物交锋时,孟子就详细阐述了他的社会分工的思想。

到了孟子时代,尽管社会分工带来的社会阶层的分别已经基本完成,但是,对于士人这样一个不生产任何物质产品的阶层的存在,在社会中还是会引发不同的意见,特别是这个阶层中的某些人物长时期得不到具体工作,尤其是得不到官职的时候。

那么,在得到不理想的官职,特别是长期得不到的时候,士人应该如何面对呢?

特别是面临基本生存问题的时候,士人又应该做何打算呢?

孔子弟子樊迟就认为,读书人与其空口说白话,还不如做点具体工作,哪怕是去种田种菜也可以。[②] 可见,这是一种具有代

---

① 《孟子·滕文公下》:“古之人未尝不欲仕也,又恶不由其道。不由其道而往者,与钻穴隙之类也。”

② 《论语·子路十三》“樊迟请学稼”章。

表性的思想。

用现在的话说，处在社会转型时期，一个新的阶层，知识分子阶层的出现和合理存在，是需要一定时间的；而要让全社会接受社会分工的思想，同样需要时间。知识分子群体内部尚且如此，其他人就更是可想而知了。

孟子弟子彭更也发出疑问说："带着几十辆车子，有几百人随从，由这个诸侯国，吃到那个诸侯国。您这样做，不觉得有点儿太奢侈、太目中无人了吗？"

对弟子的担心，孟子不以为然。他说："如果不符合原则，一筐饭都不可以接受；如果符合原则，像舜从尧那里接受了全天下，也没有什么过分的。你说呢？"

彭更还是有些想不通，明确回答："不是这样的。士人不去从事具体劳作，等于是坐在那里白吃饭，这是不可以的。"

问题既然如此复杂，就得从头讲起。

也许彭更是农夫出身，所以，孟子就以他切近的生活为例说："如果你不跟他人互通劳动成果，不交换不同职业的产品，以多余的补充不足的，那么，农夫就会有太多剩余的粮食，村妇也会有太多剩余的自己织下的布匹，同时却缺少他们所需要的其他物品，因为他们毕竟不能生产自己所需要的一切。而如果能互通有无，那些木工和（制作车轮和车厢的）车工就能得到要吃的东西。

"如果现在有一人，在家孝顺父母，在外尊长爱幼，守持先王的大道，用以扶持后起的求学之人，但却因为没有进行体力劳作而得不到吃的，这可以吗？你为什么看重工匠而轻视推行仁义的人呢？"

彭更有点开窍了，但还不能全部贯通，于是又问："工匠做工的动机本来就是挣饭吃;那么,君子的求道也是为了挣口饭吃吗?"

孟子说:"人家的活动能使你有所得,你给他饭吃就行了,为什么还要问人家的动机呢?再说了,你是为了他的动机,还是为了他能使你有所得,才给他饭吃呢?"

彭更的回答是:"为了动机。"

孟子说:"如果有这样一个工匠,他的工作动机是要挣口饭吃,可实际的工作效果是,屋顶上铺得都是碎瓦片,墙壁也给涂了个乱七八糟,这你还能给他饭吃吗?"

彭更回答说不能。

于是,孟子结论道:"如此看来,你给他饭吃的原因,并不是他的动机,而是效果。"

平心而论,君子的行道尽管不能无原则地求取个人功利,但是,如果把功利全部抛开也不实际。

能否得利,要以能否坚持原则为前提。

无论君子行道也好,工匠做工也罢,只有动机与效果的统一,才能得到真正的认可,也才能有饭吃。

同样,弟子公孙丑引用《诗经》中"不素餐兮"[①]的说法,请教老师说:"诗句中有'不要白吃饭呀'的说法,而君子之人还是不耕而食。这是为什么呢?"

孟子说:"君子居住在某个国家,如果君主任用了他,就会使整个社会平安富足,具有尊严和荣耀;他的弟子们追随他,就会带动人们孝敬父母、尊敬兄长、讲究忠诚信誉。要说'不白吃

---

① 《诗·魏风·伐檀》。

饭’,又有什么能比得上这个呢?”

君子之人在管理社会,以及为社会的精神文明做贡献方面所付出的劳动,并不比耕田种地差,确实没有白吃饭啊。

进而言之,君子之人对社会的管理,大丈夫对社会风尚的带动,是任何一个社会都不可或缺的。

大丈夫以从政为天职,以做官为必须,从根本上讲,是历史发展的必然,是社会的当然要求。

三、大丈夫求仕有尊严

士人必须从政,更要有尊严地从政。

有尊严地从政,与其说是关乎个人的面子问题,不如说是关乎现实政治走向的问题。

如果某个国家的当政者对士人有足够的尊重,特别是对具有大丈夫精神的士人尊重有加,表明这个国家的政治有希望走向清明,这个国家有希望达于大治,在孟子看来,就是能够实现仁政。

孟子对于士人有尊严从政的追求,与他的游仕经历大有关系。

到了游仕后期,经过了种种挫折,有了诸多的深入思考,孟子逐渐感觉到自己的主张很难被当世的君主采纳,所以,面对诸侯,孟子的态度是,与其无谓巴结,还不如挺起胸膛,等待他们上门求教。

弟子陈臻问道,古代君子在什么情况下才做官时,孟子做了全面的总结。

具体说来,孟子确定了三条就职的原则,也有三条离职的原则。

最高的原则是,君主恭敬有礼地来迎请,说是要推行君子的主张,君子便去就职。可是,就职之后,君主对君子的礼貌待遇虽未衰减,但却根本不推行他的主张,就该离职。

中等原则是,虽然并没有表示要推行君子的主张,但却恭敬有礼地来迎请,便去就职。可在就职之后,礼貌待遇却衰减了,就该离职。

最低的原则是,如果君子朝夕不保,饿得连门都出不了,君主知晓之后说:“往高说,我不能推行他的主张;往低说,我又不能听从他的进言;还使他在我的国土上忍饥挨饿,这太让我感到耻辱了。”这时候来周济他,也是可以接受的。但这不过是免于死亡罢了。

孟子也说过,最起码也要让君子做个小官,算是用俸禄周济罢了。

这就是说,大丈夫有尊严从政的底线是,为了生存,要有起码的物质生活保障。

为了实现这个最低保障,既不能白吃饭,也要避免在其位而不能谋其政,那就只好去做一个最底层的官吏了。

在做官与求禄的关系上,孟子有着具体而形象的说法。

孟子认为,士人做官本不应该是为了脱贫,但有时也确实得为了糊口而做官;正如娶妻本不应该是为了生养子女,也有时也确实得为了生养子女而娶妻。

不过,如果只是为了糊口,不要做高官,做个小官就可以了;

不要追求太高的俸禄,低微的俸禄就可以了。

为什么不能去做高官?一方面,当政者不允许某个士人做高官;另一方面,当现实政治黑暗,而某个士人却做了高官,结果就只能有两个,一个是迟早丢掉性命,另一个则是同流合污。为避免这两个不幸的结局,只能选择做个小官。

那么,为了糊口,至多做个什么样的低收入的小官就算合适了呢?孟子不乏幽默地说,看守城门、下夜打更之类的吧。

孟子举例说,为了讨生活,孔子就曾做过仓库保管员,他的工作目标是,"账目清楚就行了"。孔子也曾做过官办牧场的负责人,他说:"把牛羊养得肥壮就可以了。"这就是说,完成好本职工作,挣了那份俸禄就可以了。

上述四项职务都是以体力劳动为主的下层小吏,他们的收入在当时大概只能使一家人获得温饱而已。

孟子如此要求的依据是,本来是小官,不做好本职工作,却去议论大官应做的事情,是犯罪的行为;同样,如果做了朝堂上的大官,却不能推行大道,则是一种耻辱。

孟子如此表明的做官态度,根本上说,还是表达了深刻的批判现实之意。

试想,一位贤人,一个贤才,在多么黑暗和不合理的政治现实之下,才会把最基本的谋生作为唯一的生活选择呢?

大丈夫确实需要对现实的抗争,但现实就有可能是那么的严酷,使个人的抗争无济于事,最终只能选择自保,甚至只是简单地保全生命。

这是大丈夫尊严的底线。如果失去了这样的底线,就不能称其为大丈夫。

即或者是大丈夫失去生命,这是一种自然的死亡;或者是大丈夫失去原则,这是一种精神的死亡。

士人不能吃白食,这是士人从政最起码的尊严。

诸侯对待士人不能养而不用,这是对诸侯最起码的要求。

为此,孟子提出了另一项重要原则,那就是,士人不能寄托在诸侯那里。

所谓寄托,就是依附,指可以一直不做具体工作,定期定量地靠人养活。

弟子万章问:“这是为什么?”

孟子说:“是内心有愧,不好意思这么去做。”

如果是一个诸侯,失去了自己的国家,寄托在另一个诸侯那里,这在当时是合乎礼仪的;士人寄托于诸侯,就不符合礼仪了。

说到这里,万章可就糊涂了。

所谓寄托,无非是在诸侯那里有饭吃;而君主有时候也给士人送些粮食来,同样是为了吃饭。所以,万章就问:“如果君主送来了粮食,应不应该接受呢?”

孟子说应该接受,因为君主对于普通百姓,本来就有周济的义务。

说到这里,万章还是不太明白,于是再问:“为什么同是吃饭,对待两种情况却是不同的态度呢?”

孟子回答说:“因为受之有愧,才不好意思寄托于诸侯。”

具体说来,周济是解决临时的生活困难,而寄托则是长期的甚至一生的不劳而获。

所以,孟子才说:“即使是守城和打更的小吏,也是依靠自己固定的职位、定时的工作才得到俸禄;没有一定的职务和工作却定期定量地从君主那里接受赏赐,是不恭敬的表现。”

君主临时性的馈送既然是可以接受的，那么，万章又问：“士人能经常接受馈送吗？”

为了说清这个问题，孟子讲了孔子之孙子思（孔伋）的故事。

当年，鲁穆公礼遇子思，不断派人来问候，送来肉食。

没想到，子思对此大为不满，就在最后来送的那一次，子思把使者撵出大门外，冲着北面，向君主的方向稽首再拜，表示再不接受君主的馈赠。

子思还说道：“现在我才知道，君主是把我孔伋当成犬马一样地养活着。”从此以后，穆公才不派遣小吏来馈赠了。

子思的意思是，喜欢贤人却不能举用，又不能奉养，这能说是真心喜欢贤人吗？

如上所言，孟子所说的“托（寄托）”，是指不做任何具体工作而主动向君主提出的生活要求，甚至可以说是一生无事、好吃懒做。与“托”相反的是“养（奉养、供养）”，君主主动提出奉养士人。

所以，当万章追问什么是“养”的时候，孟子的解释是，先有官员把君主馈赠的命令传达到，接受者再拜稽首，表示接受。这以后，管理粮仓的人供应粮食，管理肉类的人供应肉食。这样形成规矩，就不要再提是君主命令馈送这回事了。

子思认为，以赏赐的名义送来的那些食物让自己太烦劳，疲于以礼应接，这显然不是供养君子之人的正确方法。

总之，如果仅仅是为了糊口，做个小官就可以了。得着大官的俸禄，却不能做出一番事业，君子之人是愧不敢当的。

同样，从君主的角度来说，如果仅仅是馈赠一些食物，却不能委以重任，就跟养活犬马之类的宠物没有区别了。

孟子的这一原则实质上还是对君主的用人原则提出了严厉批评,并对士人的境遇表现了强烈的关注。

孟子生活的战国时代是个人才辈出的时代,士人的际遇既是时代兴衰的标志,更是一国政治起落的标志。

孟子抓住这个关键点大做文章,从而使儒学在知识分子之中影响力不断增强。

这是孟学在儒学史中独树一帜的一个重要方面。

这一方面的简明标志,就是孟子的大丈夫精神。

然而,现实总是严酷的。有时,即使为了实现这样的最低保障,也不是一件容易的事情,这才有了孟子“不见诸侯”的选择。

不过,与孔子的一些弟子当年对待孔子一样,孟子的某些弟子对孟子的这一从政原则也颇有不理解之处。

弟子陈代就问:“不去求见诸侯,我看是有点气量太小了。如果现在我们去尽力会见和说服他们,往大说,可以完成王者的事业;往小说,也能称霸天下。《志》上也说:‘屈曲一尺,可以伸长一寻。’根据这样的委曲求全的原则,也许我们还会有所成功。”尺和寻都是当时的度量单位,八尺为一寻。

然而,孟子对委曲求全的理解不同于弟子。

真正的委曲求全,决不能丧失原则。

于是,孟子举例说:“想当年,齐景公要打猎,就命人用旗帜召唤管理猎场的虞人,而没有使用召唤虞人时应该使用的皮冠。因为召唤的方式有问题,虞人拒不来见,景公大怒,就要杀死他。

“虞人的表现正好说明,真正的有志之士和有勇之士,并不想糊里糊涂地掉脑袋,他们总是坚持原则的典范[1]。

"如果是孔子,从这位虞人的表现里能得到什么呢?那就是,不合规矩的召唤就不能听从。否则,后果不堪设想。因为,谁知道还会召唤他去做什么呢?"

孟子接着又讲述了一个历史故事。说的是,当年晋国的权臣赵简子,让当时的一个名叫王良的驾车好手给宠臣奚驾车,出去打猎。跑了一天,奚却一无所获。

于是,奚就汇报说:"王良真是个拙劣的车把式。"

有人把这话告诉了王良,王良就说:"请再试一次。"

赵简子劝王良算了,王良坚持要去。结果,一个早晨就猎获十只飞禽。这一回,奚只好说:"王良真是天下最出色的驾车手。"

赵简子听罢,就对奚说:"那么,就让王良专门给你赶车吧。"

可跟王良商量时,王良不同意,理由是:"我给他规规矩矩地驾车,整整一天,他什么也没射到。给他胡乱驾车,他却一早晨射中了十个。这说明,我不擅长给缺乏修养的人驾车,请给我另选他人吧!"

孟子最后讨论说:"王良是个驾车的下人,尚且羞于跟那种缺乏修养的射手合作。因为王良认为,这种合作,即使射得的猎物堆积如山,他也不愿意去做。也就是说,如果枉曲自己的原则而听从他人的差派,结果会是什么呢?再说了,你这种说法还有一个错误,那就是,对自己不讲原则的人,是不能矫正他人的。"

在中国古代的思想传统中,做人与做事是一致的。不能正

---

① 《孟子·滕文公下》:"志士不忘(妄)在沟壑,勇士不忘(妄)丧其元。"

直做人,就不能正直做事。

同样,依靠阿谀奉承求得的官职,就只能以阿谀奉承的方式加以维持,也就不可能做出宏伟的事业。

许多弟子都与孟子讨论过为何不主动拜见诸侯的问题,说明他们对从政的要求也是相当迫切的。

弟子万章求教的角度是:为什么老师不去主动求见诸侯呢?

孟子的理由是,对诸侯而言,所有的国人都是臣下。不过,在国都之中的是市井之臣,在国都之外的叫草莽之臣,其实还都是平民百姓。老百姓不接到诸侯送来的邀请之礼,就不能去求见诸侯,这是礼的规定。

弟子万章不太明白,问:"既然是老百姓,君主有令,召去服役,就得去劳作;而君主想见见他,下令召见,则不与君主见面,这是为什么呢?"

孟子回答说:"服劳役是应该的,是义务;应召与君主见面,则是不应该的,也不是义务。再说了,君主想见你,是为了什么呢?"

万章说:"因为你见多识广,因为你是贤才。"

在相互的问难或问答中,孟子最注意转守为攻,因为这可以从对方的回答中发现问题,从而做出最有针对性的回答。

到此,针对万章的回答,孟子回答说:"如果是因为你比他见多识广,你就是他的老师;可是,天子还不召见老师,况且是诸侯呢?如果是因为你的贤能,那么,我从没听说过想见到贤才却采用召见的方式。"

孟子又提起了往事。

当年,鲁穆公时常去拜见子思,还问子思说:"古代的诸侯与士人交友,到底是怎么回事呢?”子思听后,非常不高兴地说:“古人说过,诸侯只能是向士人学习罢了,怎能说是交友呢?”

子思之所以不高兴,是因为这样的原因:论地位,你是君,我是臣;我怎能与君为友?论德行,你应该向我求教,有什么资格与我为友?

孟子因此就说,诸侯想跟士人交友都不可能,又怎能召见呢?

所以说,想跟贤人见面,却不用正确的方式方法,这就好比是,想让人家进你家却紧闭家门一样。

义,即应该不应该,那是路;礼,即如何去做,那就是门。只有君子才能沿着这样的路走,能规规矩矩地从这扇门出入。

《论语·乡党第十》记载,当年的孔子,在接到鲁君(定公)召见的命令之后,等不及手下人备好马车,就徒步向朝堂奔去。

万章就此问道:“像孔子的这种表现,是不是很不对头呢?”孟子回答说:“孔子担任鲁国的官职,而鲁君也是因为公事才召见他,所以孔子才闻命而动。”

君主对待没有官职的贤人,只能求见,不能召见。

这样的贤人对待君主,只能等待拜见,不能主动求见。

与孔子不同,孟子的求仕做官,不仅要求官职,还要求君主的态度,其实就是实权。只有掌握了实权,才能有所成就。

在孟子时代,养士的风气已经形成,有官无权的士人到处都是,而孟子则不能忍受士人的这种无所成就的状况,这才不断地强调君主之“态度”的重要性。

弟子公孙丑也问老师:“您为什么不主动求见诸侯呢?”

这个话题,是孟门之中最常见的师生谈话的内容之一,孟子的回答当然也是始终如一的。

孟子说:“在古代,如果不是诸侯的大臣,就可以不去主动求见。更有甚者,段干木为了躲避魏文侯的登门拜访,竟跳过墙头逃走了;而泄柳则是紧闭家门,不让鲁穆公进来。他们这样做,是有点过分了。依我看,如果君主一定要见,也可以见一见。”

段干木是孔子弟子子夏的弟子,后来成为有名的道家人物。泄柳则是鲁穆公时代的贤士。

在批评了某些先贤的一些过分的做法之后,孟子又提到孔子的正确做法。

春秋末期的鲁国有一个蓄意篡权的家臣,名叫阳货,在鲁定公时代一度掌握着鲁国的政治命运。当时,孔子还是普通士人的身份。

阳货想拉拢孔子加入他的阵营,就让孔子来见他,但他还想要面子,不愿违礼去拜见孔子,就要了一个花招。

根据礼的规定,大夫给士人赠送礼物时,如果士人不在家,不能当面致谢,就要改日亲自到大夫家里去表示谢意。于是,阳货在探听到孔子不在家时,送给孔子一只蒸小猪。

孔子识破了阳货的花招,也是瞅着他不在家时去拜谢①。

孟子认为,这个时候,因为有阳货送礼在先,孔子怎能不去拜见他呢?不过,说到底,孔子还是不想主动求见。

孟子引用孔子弟子曾子的话说:“装腔作势表现好感,比大夏天在地里干农活还要累。”又引用另一位孔子弟子子路的话说:“跟自己不同道的人交谈,脸色是那么难看,这可不是我能

---

① 详见《论语·阳货十七》“阳货欲见孔子”章。

做到的。”

从这些事例中,我们可以明显看到孟子所肯定的君子的修养所在了。

平心而论,孟子在这个问题上的态度还是有一定程度的心理纠结的。

如同孔子一样,孟子的从政之心虽然相当迫切,但其人格尊严的底线是相当明确,并且是严格持守的。

孟子的大丈夫精神之所以能够被代代士人津津乐道,一个重要的方面是能够保持读书人的人格体面和精神高贵。

这正如孟子所说:“古代的贤王,因为喜好良善,竟忘掉了自己的地位,而古代的贤士,又何尝不是这样呢?陶醉于大道之中,竟忘掉了别人的地位。所以,如果王公不对他们恭恭敬敬,以礼相待,就不会时常见到他们。想多见几次面还不行,更何况是让他们做大臣呢?”

在与一位名叫宋句践的游仕之士交谈时,孟子告诉他说:“无论知用与否,都要表现出自己的人格,表现出对于自己之追求的信心。”

要想一生保持士人的尊严,孟子提出的总的原则是“尊德乐义”,尊崇道德,以仁义为乐趣。

具体说来,有政治追求的士子,穷困不得志的时候,不要丧失仁义,把握住自己,不做越轨之事;得意通达的时候,不要背离道德,还要做好本职工作,不使人民失望。

古代的贤人,得志为官之时,把恩泽施于人民;不得志的时候,照样坚持自我修养,给世人做出表率。

“穷则独善其身，达则兼济天下。”①穷困的时候约束好自己，通达的时候管理好天下。孟子在此所说的“穷”，不是物质生活上的困乏，而是得不到合适的政治地位，与通达相反。

孟子心目中的大丈夫是与众不同的。他说：“待文王而后兴者，凡民也。若夫豪杰之士，虽无文王，犹兴。”②等待有周文王这样的圣人带头，才奋起有所作为的，一定是普通人。如果是真正的豪杰之士，即使没有人带头，在适当的时候，也会奋发有为。

孟子此言主要是指人的政治表现。普通人只能追随周文王这样的圣贤，而像周文王这样的圣人，本是大丈夫的代表，注定要起表率作用，创造新时代。

这就是说，至少从政治的角度来看，人是有高低不同之分的。

“有事君人者，事是君则为容悦者也；有安社稷臣者，以安社稷为悦者也；有天民者，达可行于天下而后行之者也；有大人者，正己而物正者也。”③

有些大臣，目的就是事奉君主，所以，事奉好君主个人就觉得很高兴了。

有些大臣，注定是要安定社稷的，所以，安定了社稷才会高兴。

还有一种人叫天民，上天选定的人，觉得他的大道能推行于天下的时候，就去推行。

---

① 《孟子·尽心上》。
② 《孟子·尽心上》。
③ 《孟子·尽心上》。

还有一种人叫大人,先端正自身,进而使万物得以端正。

孟子在此所说的"大人",就是大丈夫,而"端正自身"则是大丈夫精神的起始处。

孟子总结君子与君主的关系时说:"君主对于有修养的君子,如果只是给些吃的而不加爱护,就会像是对待猪狗一样;或者有了爱护又缺乏尊敬,就等于是在饲养家畜。在没有送上聘币礼物之前,就该有恭敬的心态。只有恭敬的形式,没有恭敬的内容,君子就不会轻易接受礼物。"

这就是有尊严地从政。

简单说来,孟子的指导方针是"说大人,则藐之,勿视其巍巍然"。游说当权者的时候,一定要藐视他们,不必把他们看得太高大。

孟子接着说:"他们的住处很奢华,有好几仞高的堂室,好几尺长的椽头;吃食很排场,餐桌前的地方有几丈见方,服侍的下人成百上千;饮酒作乐之后,还要驰骋打猎,前呼后拥。但是,如果我有朝一日得志为官,绝不会这么做。"

"在彼者,皆我所不为也;在我者,皆古之制也;吾何畏彼哉?"[①]他们做的,我肯定不做;而我所做的,都符合古代的制度,是至高无上的。这样一来,我为什么要畏惧他们呢?

孟子所说,确实对不得志的知识分子是一种极大的精神鼓舞。

大丈夫有自己的长处,而且是在位者不可能具备的长处。

这样的长处高于在位者的政治地位,并且是符合道义的。

---

① 以上均见《孟子·尽心下》。

既然如此，大丈夫就没有任何理由畏惧在位者。

孟子甚至很自豪地说："君子有三乐，而王天下不与存焉。"①

君子有三种乐趣，而称王于天下的人是得不到的。

第一，父母健在，兄弟姐妹没有灾祸事故；

第二，上不愧对天，下不愧对人；

第三，能得到天下的英才，对他们进行教育。

孟子此所谓君子，就是像他那样具有高尚道德修养的人，就是大丈夫。

这种人，即使得不到合适的政治地位，无法成就理想的政治功业，也不乏真正的人生乐趣，并且还有一些乐趣，是帝王们可望而不可即的。

这既是一种自我安慰，也饱含着对帝王们的嘲讽和批评。

生存于人世间，确实不能以一种标准衡量人的成功与否。

中国古代社会有一种"不正之风"，就是以现世的政治地位评价人的成就，最终导致了畸形的政治发展。

如果能够从正面理解孟子大夫式的豪言壮语，人生就会更加丰富多彩。

四、大丈夫不在意政治结局

对于自己一生的政治奋争和结局，孟子有着清楚的认识。

---

① 《孟子·尽心上》。

用传统的说法来讲，在政治上孟子属于“不遇”者，即没有获得理想的从政机遇和待遇。

对于这样的结局，孟子并不后悔，表现出了对大丈夫精神的执着和坚持。

孟子的家乡邹国是鲁国的属国，两国关系特殊，孟子也经常待在鲁国。

鲁平公继位时，孟子已年逾七十，想必是在魏齐等国游仕未果，返回了故乡。

史载鲁平公政绩平平，历史上也没有什么影响，可以想见，对孟子这样的坚持原则的思想家也不会有真正的热情。但孟子毕竟名声在外，君主去见见这样的名士，也许还能得到礼贤的好名声。

于是，在某个时候，鲁平公约好了与孟子见面。

可是，就在鲁平公出门的时候，宠臣臧仓发现了问题，就上前问平公：“您平时出门，总是把要去的地方告诉侍官，可今天，车子都准备好了，侍官还不知道要去哪里。我能打听一下您要去的地方吗？”

臧仓是鲁平公的近身侍者，因为得宠，在君主面前比较随便，因此鲁平公也不在意，就回答说要去见孟子。

臧仓一听就摇起了头，对鲁平公说：“这是怎么回事？您要自降身份，去拜访一个普通百姓？您认为孟子是个贤人吗？我可不这么认为。按理说，礼义是出自贤人的。可孟子呢，办他母亲的丧事时，在礼仪方面大大超过了此前他父亲的丧礼。这种不知礼的人，您还是不要去见他的好。”

鲁平公会见孟子本来就目的不纯，既然宠臣提出了听似合理的反对意见，就顺势作罢了。

这时候，孟子的弟子乐正克来见鲁平公。

乐正克是鲁国大臣，鲁平公见孟子正是乐正克的建议，所以，乐正克就问鲁平公为什么改变了主意。

鲁平公委婉告诉乐正克，有人提出了反对意见。

眼看自己的建议难以落实，乐正克马上追问鲁平公："您所说的越礼指的是什么？是指孟轲办父亲的丧事用的是士礼，而办母亲的丧事使用了大夫之礼呢？还是指前者摆设供品时用三个鼎，而后者用五个鼎呢？"

根据周礼的规定，士礼用三鼎，大夫礼用五鼎，所以，乐正克的两个反问说的是一回事。不过，乐正克如此反问鲁平公，说明这些做法并非不合礼仪。而鲁平公也马上回答说："越礼不是指的这个，而是棺材和装殓太华美奢侈了。"

但是，乐正克还是不能同意鲁平公的说法，指出孟子给母亲办丧事的花费之所以超过了父亲，是因为前后贫富不同。也就是说，给父亲办丧事时生活比较紧张，而给母亲办丧事的时候手头比较宽裕而已，与礼仪无关。

丧葬之礼是儒家内部的敏感话题。孔子虽然非常强调丧礼的重要性，但却认为丧礼的真正价值不在于花费了多少，而在于以真诚表达对死者的哀悼之情。可是，孔子之后，儒生们更看重以厚葬表达哀悼之情。想必孟子也多多少少受了这种风气的影响，因为乐正克肯定了孟子对母亲的厚葬。

乐正克联系鲁平公会见孟子没有成功，自然得对孟子有个交代，可孟子听罢却出奇地镇静。

孟子说："一个人的行事，有某些力量促使，他就会前行；有某些力量阻挠，他就得停止。前行也好，停止也罢，不完全由个人决定。我很明白,我不能被鲁君知遇,完全是天意。那个姓臧的小子怎能使我不被知遇呢?"[1]

孟子的这份自信,孔子也表达过。

当推行孔子之道的一位弟子受到诬蔑的时候,孔子就说:"我的大道能否流行于天下,决定在天命,个别人的阻挠又能起什么作用呢?[2]"

孔孟所说的天命并不是宿命论意义上的天命,而是与他们的大道之成败有关的各种条件的合力。

思想家只能决定自己一生为某种崇高理想而奋斗,而这个崇高理想的实现与否,则既不是思想家自己,也不是敌视这种理想的个别人所能决定的。

结合时代特征,大丈夫肯定是把政治追求放在人生首位。

结合时代政治,特别是当时的政治体制,大丈夫的政治命运并不是掌握在自己手中,于是乎就有了孟子所说的"遇"与"不遇"的问题。

古代知识分子把"知遇之恩"谈论了千百年,但一直没有弄明白,根本问题还在于政治制度上。

不管你大丈夫的豪情有千丈万丈,只要是生活在人治的时代,就会出现"遇"与"不遇"的困惑。

孟子在齐国逗留期间,曾经遭遇齐国发生饥荒。当时,孟子在齐王跟前还能说得上话,就成功地劝说齐王用齐国棠地的储备粮赈济了灾民。

所以,若干年之后,当齐国再次又发生饥荒时,弟子陈臻就

---

① 《孟子·梁惠王下》:"臧氏之子焉能使予不遇哉?"

② 详见《论语·述而第七》"公伯寮愬子路于季孙"章。

说:“齐国人都认为您还会劝说齐王动用棠地的粮食,可我看您这次不会这么做吧。”

或许陈臻也已看出,老师此时在齐王面前已经没有什么影响力了,就设法让老师体面地下台。

殊不知,孟子对此比弟子更敏感,就顺着陈臻的意见说:“我要是去劝齐王,就是冯妇了。”

冯妇是晋国人,喜欢只身斗猛虎,可后来学好了,成了一名有修养的士人,不再无谓逞勇。

可是,有一次他到郊外,看到一伙人在逐杀一只老虎。老虎背靠着山角顽抗,没有人敢去搏击。

众人看见冯妇,就跑过去欢迎他。而冯妇也捋胳膊挽袖子地从车上跳了下来,又去迎战猛虎了。

大家非常高兴,而士人却在讥笑他。

孟子的意思是说,冯妇后来的行为既不合身份,又不合时宜。

如果孟子去劝齐王放赈,也会落得冯妇的下场,事情成不成不好说,成为众人讥笑的对象则是确定无疑的。

再往远说,直道而行的士人,对自己的政治前程要有理智的判断和适宜的行动,只有这样才能保护好自己的声誉,才能对人世有所贡献。

对于自己来说,因为坚持原则而被现实政治所排斥,孟子并不后悔,因为他有坚定的精神支撑。

这个精神支撑,简明地说,就是他的大丈夫精神。

在离开齐国的路上,弟子充虞边走边问孟子:“您看上去有些不快乐。可我前几天还听您说,君子‘不怨天,不尤人’,从不埋怨上天，也不责怪别人。”

所谓“不怨天，不尤人”[1]是孔子的说法，意思是说，在政治上遇到挫折时，不要找客观原因。而在充虞看来，老师的不快乐，大有“怨天尤人”的嫌疑。

孟子回答说：“此一时彼一时，说话时的情形不同了，解释也应该不同。

“从历史发展来看，每隔五百多年，必定有王者兴起，而在这期间，也应该有扬名于世的人物出现。

“然而，从周朝立国到现在，已经过去七百多年了。按时间计算，已经超过了；可根据形势来分析，现在已经差不多了。

“看来，从上天来说，还是认为没到决定要太平大治的时候；如果上天要这样做，在当今世上，除了我，还有谁能当此重任呢？想到此，我怎会不快乐呢？”

所谓“如欲平治天下，当今之世，舍我其谁？”[2]这也是孟子留给后世知识分子树立自信的名言之一。

在孟子这里，现实是此一时的不快，理想则是彼一时的快乐。

快乐的源泉是历史的规律。这个规律昭示的是，当现实政治腐朽到极点的时候，先是名士出现，为结束这种腐朽政治作思想准备；接着是王者勃兴，在天命的召唤中平定天下。

在孟子看来，由他做王者也不是没有资格，否则，做个名士也未尝不可。

这份自信虽然一时间让他忘却了不被知用的痛苦。但是，其中的苦涩也足以让人为之深感凄楚。

---

① 《论语·宪问十四》。

② 《孟子·公孙丑下》。

当面对现实之时,大丈夫们的遭遇往往是凄苦的。

在《孟子》的末章,我们看到了大丈夫孟子的临终慨叹。

上文说到,孟子认为,每过五百年,必有王者出现。

在《孟子》末章,孟子又换个角度表示:

从尧舜到商汤有五百多年的历史,对于尧舜之道,大禹和皋陶是目睹而得知的,汤王则是听说的。

从汤王到周文王也有五百多年的历史,对于汤王的法度,像伊尹和莱朱(汤王的另一位佐臣)是亲眼看见而得知的,周文王则是听说的。

从周文王到孔子同样是五百多年,对于周文王的大道,像姜太公和散宜生(周文王的贤士)是眼见而得知的,孔子则是间接了解到的。

从孔子到孟子,已经过去了一百多年了。

孟子的感觉是:距离圣人的时代并不太远,距离圣人的家乡又是如此之近,但是,"然而无有乎尔,则亦无有乎尔"[①]。到现在还没有这样的人物出现啊!或许就不会有这样的人物出现了!

孟子的这种感叹显然是侧重于政治上的继承,而不是学术上的传承,并且认定历史的发展是有规律的。

孟子认为孔子具有王者的才能,只是因为没有王者的举荐,才以平民的身份终其一生。如果孔子能称王于天下,也许孟子自认为能够接续着圣人,做一番大禹、伊尹的事业。但现实却不尽人意,所以才有这样的叹息。

---

① 《孟子·尽心下》。

孔子去世时轻轻松松，因为他相信自己的事业一定会有人继承。

孔子弟子曾参，也是孟子崇尚的先辈，去世时自称如释重负，因为人世的生活，一言一行都须小心在意，让他觉得太累了。

孟子一生孤傲，所以，去世之时忧心忡忡，担心他之后不会再有像样的“圣人”出现。

三子的表现虽然各有特色，但大的趋向是一致的。

任何伟人的去世，都标志着一个时代的结束。

以后也许会有更辉煌的时代，但那毕竟不能与前世的光辉同日而语。

从此意义上说，孟子的忧虑也许不无道理。

不过，孟子的忧虑，是着眼于人类的命运的。

至于他自己，以大丈夫精神为支撑，并不后悔一生的选择，也并不在意个人的政治结局。

这就是大丈夫孟子。